따라 하는 기도 1

내 속의 깊은 간구를 끌어올리는 마중물 기도

따라 하는 기도1

장재기 지음

규장

기도는 무능한 우리가
할 수 있는 가장 위대한 일이다

'생일인 친구 이○○'

카톡이 한 형제의 생일을 알려줍니다. 어떻게 생일을 축하해줄까 생각하다 기도를 적어 보내주었습니다. 잠시 후 "카톡!" 하고 답장이 왔습니다.

"목사님… 보내주신 기도를 읽고 너무 감동받아서 뭐라고 답장을 해야 될지…. 정말 감사합니다. 너무 힘이 되고 위로가 됩니다. 제 신앙의 아버지, 목사님은 저에게 주님이 보내주신 천사라고 느껴져요!! 목사님 감사합니다!!!"

그 친구의 답장이 제 마음에 격려가 되었습니다.

그날 저녁 가정 예배를 통해 하나님께서 우리 가정이 누군가에게 도움이 되는 가정이 되고, 우리의 삶이 누군가에게 도움이 되는 삶을 살라는 말씀을 주셨습니다. 그래서 내가 무엇으로 다른 사람에게 도움을 줄 수 있을까 생각하는데 아침에 있었던 일이 떠올랐습니다.

'그래, 사람들에게 기도의 도움을 주자.'

이 마음으로 기도문을 녹음해 유튜브에 영상을 올리게 되었습니다. 많은 사람이 아니라, 누군가 한 사람에게라도 도움이 되면 좋겠다는 마음으로 영상을 올렸습니다.

그런데 생각지 못한 일이 일어났습니다. 1년도 채 되지 않아 6만 명이 넘는 구독자가 함께 기도하게 되었고, 놀라운 간증이 매일 올라옵니다.

"목사님, 어떻게 기도해야 하는지 이제 알겠어요."

"교회는 오래 다녔지만 이제야 기도를 배우게 되었어요."

"목사님, 기도가 마치 제 마음을 옮겨 놓은 것 같아 듣는 내내 눈물이 났어요. 다시 기도를 시작할게요."

"기도를 따라 하다 보니 기도 시간이 좋아졌어요. 이제 아침에 눈을 뜨면 가장 먼저 기도부터 하게 되었고, 자기 전까지 기도하다 잠들게 되었어요. 심지어 자다가도 깨면 기도하고 다시 잠들어요."

성도들이 기도하지 않았던 것은 기도가 싫거나 귀찮아서가 아니었습니다. 오히려 기도에 대한 목마름이 있었고, 기도하기를 원했습니다. 단지 어떻게 기도해야 하는지 몰랐을 뿐입니다.

기도는 하나님과 소통하는 언어입니다. 그래서 기도는 언어를 배우는 것과 같습니다. 하늘의 언어를 배우는 것이죠. 어린아이가 엄마 아빠의 소리를 듣고 따라 하면서 언어를 배우듯, 우리도 우리 신앙의 선배들이 하는 기도 소리를 듣고 따라 하면서 기도를 배우게 됩니다.

저도 예전에 옆 자리에서 들려오는 누군가의 기도를 들으며 "하나님, 저도 아멘이에요. 제가 하고 싶은 기도가 이거예요" 하다가 기도를 말하게 되었습니다. 제가 하는 모든 기도는 할머님의 기도, 목사님의 기도, 권사님의 기도, 믿음의 선배들의 기도를 듣고 배운 것입니다. 기도는 듣고 따라 하며 배우는 것입니다.

한국 교회는 기도로 시작되었고, 기도로 세워졌고, 기도로 부흥했습니다. 한국 교회의 역사는 기도의 역사입니다. 고학이든 무학이든 누구나 기도를 배웠습니다. 어린이든 어른이든 기도를 알았습니다. 초신자든 기신자든 기도의 능력을 체험했습니다.

예기치 않은 어려움으로 모두가 힘겨운 이때 우리가 할 수 있는 가장 위대한 일은 기도입니다. 그리스도인은 기도로 고난에 맞섭니다. 기도로 어려움을 헤쳐나갑니다. 기도로 거친 풍랑을 통과합니다. 기도로 자신의 한계를 넘어섭니다. 하나님은 기도에 응답하시며 역사하시기 때문입니다.

이 책은 기도가 어렵게 느껴지는 분, 기도에 은사가 없다고 생각하는 분, 기도하고 싶지만 어떻게 기도해야 할지 모르는 분에게 지금 바로 기도를 시작할 수 있도록 도움이 될 것입니다. 이미 오랫동안 기도를 해 오신 분에게는 더 다양하고 풍성한 기도를 하는 데 도움이 될 것입니다. 일관성 있게 기도하는 것이 어려웠던 분에게는 31편의 기도문을 통해 매일 꾸준하게 기도하는 데 도움이 될 것입니다.

'1부 기도를 알자'는 기도가 무엇인지 쉽게 알아가는 부분이고, '2부 기도를 따라 하자'는 읽으면서 기도할 수 있도록 한 다양한 주제의 기도문들입니다. 2부의 모든 기도는 각 장 제목 옆에 넣은 QR코드를 통해 유튜브 영상으로 연결되니, 다양한 방법으로 기도를 함께해보시기 바랍니다.

기도문은 기도의 대상자가 '나'일 때도 있고 다른 사람일 때도 있습니다. 한 기도문 안에서도 여러 대상을 오가며 기도할 때가 있습니다. 때로는 부모의 관점에서 기도하기도 하고 자녀로서 기도하기도 합니다. 적절하게 자신의 상황에 맞게 바꿔서 기도하시면 됩니다.

이 책을 통해 기도를 시작하고, 기도의 실제를 맛보고, 기도의 능력을 체험하게 되기를 축복합니다. 오늘도 우리의 기도를 들으시며 놀라운 일을 행하실 주님께 감사드립니다.

기도의 동역자
장재기 목사

CONTENTS

기도를
알자

chapter 1

기도는 쉽다

기도는 쉽다는 것 하나만 알고 시작하자

어느 목사님이 예전에 처음 예수 믿고 기도를 하는데 몇 마디 기도하고 나니 할 말이 없더랍니다. 하나님께서 심심해하실까 봐 좋아하는 가요를 몇 곡 불러드렸는데도 시간이 너무 안 가서 참 어색한 첫 만남이었다고 합니다.

다른 사람들은 열심히 기도하고 유창하게 기도하는 것 같은데, 나는 무슨 말을 해야 할지 모르겠습니다. 내가 하는 기도는 뭔가 기도와 어울리지 않는 것 같습니다. 뭐라도 말은 해야겠는데 뭐라고 해야 할지 몰라 참 답답합니다. 기도 시간마다 다른 분들은 어떻게 기도하나 엿듣다가 기도 시간을 다 보내버립니다. 여러분도 이런 경험 있으시죠?

기도가 중요하다는 것도 알고, 기도해야 한다는 것도 알겠는데 기도가 참 어렵게 느껴집니다. 그러나 기도는 절대 어렵지 않습니다. 기도는 쉽고 재밌습니다. 기도는 우리에게도 하나님께도 기쁘고 즐거운 일입니다.

일곱 살 제 아들은 유소년 축구클럽에 다닙니다. 이 축구클럽의 코치 선생님은 대학 리그의 득점왕 출신으로, 그 분이 공을 차는 것을 보면 그저 놀랍기만 합니다. 그런데 그 분이 일곱 살 아이들에게 축구를 가르치면서 규칙을 딱 한 가지만 알려줍니다.

"축구는 발로 차는 거야."

그 분이 축구의 규칙과 기술과 전술을 얼마나 많이 알겠습니까. 그런데 다른 말은 하지 않고 발로 차야 한다는 한 가지만 이야기해줍니다.

그러고 나서 공을 아이들에게 던져주면 모든 아이가 공을 향해 우르르 몰려갑니다. '뭉쳐야 찬다'가 아니라 '뭉쳐서 찬다'입니다. 자기 편의 공을 빼앗기도 하고, 골대가 어디인지도 모르고 찹니다. 심지어 자기 골대에 골을 넣고 좋아하기도 합니다. 축구라고 할 수도 없습니다. 그런데 선생님은 아이들의 잘못을 고쳐주지 않고 같이 뛰어다니면서 응원해줍니다. 지켜보는 어머니들도 누구 하나 지적하거나 고치려 하지 않습니다. 손뼉 치며 응원해주고 깔깔대고 웃으며 좋아합니다. 게다가 사진 찍고 동영상까지 촬영합니다.

왜 축구 같지도 않은 축구를 보면서 그렇게 좋아할까요? 일곱 살이니까요. 이제 축구를 시작하기 때문이죠. 이 아이들이 하는 축구가 옳아서가 아니라 이 과정을 거쳐야 하기 때문입니다. 시작하는 아이들에게는 복잡하고 어려운 규칙과 기술과 전술을 알려줄 것이 아니라, 축구가 쉽고 재미있다고 느끼게 해주어야 합니다. 축구를 시작하는 아이에게 지나치게 많은 규칙과 기술을 이야기해주면 이 아이는 축구를 어렵다고 느끼게 되고 결국 축구를 싫어하고 포기하게 됩니다.

기도도 마찬가지입니다. 기도가 어렵게 느껴진 이유는 기도를 시작하기 전에 기도에 대해 너무 많은 이야기를 들었기 때문입니다. 기도를 시작하는 우리에게 중요한 것은 더 다양한 기도의 방법을 배우거나 더 많은 기도 규칙을 아는 것이 아닙니다. 지금은 기도가 쉽고 재미있다는 것을 느끼는 것이 중요하고, 기도의 첫걸음을 뗄 수 있게 하는 것이 필요합니다. 이것이 이 책을 쓴 이유입니다. 기도는 쉽습니다.

기도에도 단계가 있다

더하기 빼기를 하지 않고 곱하기 나누기를 할 수 없습니다. 아무리 좋은 수학 공식이 있어도 더하기 빼기를 하지 못하면 그 공식을 사용할 수 없습니다. 수학 공식에 대한 욕심을 내려놓고 먼저 더하기 빼기부터 해야 합니다. 유치하고 시시해 보여도 그 유치하고 시시한 더하기 빼기를 충실하게 해야 곱하기 나누기를 할 수 있고, 곱하기 나누기를 제대로 해야 수학 공식을 이용해 문제를 풀 수 있습니다.

모든 일에는 과정과 단계가 있고 모든 과정에는 이유가 있습니다. 한 번에 두 계단 세 계단을 오르려 하면 안 됩니다. 과정을 충실하게 거치지 않고 자라면 성인 아이가 되듯, 기도의 과정을 제대로 거치지 않으면 영적인 성인 아이가 됩니다.

초등학교 1학년에게 대학생 교재를 가지고 가르치는 것은 폭력입니다. 아무리 내용이 옳아도 틀린 것입니다. 알려줘도 못 하는 것이 있고, 알아도 잘 안 되는 것이 있습니다. 처음부터 너무 수준 높은 기도를 하려고 하면 안 됩니다.

기도는 시작하는 것이 중요합니다. 옳은 기도, 바른 기도, 수준 높은 기도보다 지금 기도를 시작하는 것이 더 중요합니다. 할 수 있는 만큼, 할 수 있는 내용을 가지고 시작하는 것입니다. 축구는 '발로 공을 차는 것'에서 시작하듯, 기도는 그저 필요한 것을 달라고 솔직하게 이야기하는 데서 시작하는 것입니다. 이 단계를 거치지 않고 기도의 다음 단계로 넘어갈 수 없습니다.

기도가 틀려도 괜찮다

성경에서 산은 하나님의 임재를 상징합니다. 저는 제 아들이 하나님의 임재 안에서 살아가기를 바라는 마음으로 산이라고 이름 지었습니다. 제 아들 산이가 처음 한 말은 "엄마"였습니다. 돌 지난 아기가 발음도 제대로 되지 않는 "엄마"를 하는데 얼마나 귀여웠는지 모릅니다. 사실은 정확하게 엄마라고 하지 않았는데 저희가 엄마로 알아들은 것이죠.

산이가 냉장고를 가리키면서 엄마, 청소기를 보고도 엄마라고 합니다. 모든 것을 다 엄마라고 합니다. 그런 아기에게 "냉장고를 보고 엄마라니. 자꾸 그렇게 틀릴 거니? 내가 언제까지 기다려야 제대로 냉장고라고 할 거니. 이건 엄마가 아니라 냉장고야 냉장고!" 이렇게 말하지 않았습니다. 냉장고도 엄마, 청소기도 엄마라고 하는 그 모습마저 너무 귀여웠습니다.

하나님도 그러십니다. 하나님은 우리가 틀린 기도를 했다고 지적하거나 혼내지 않으십니다. "그건 너무 이기적인 기도잖아. 어떻게 그런 세속적인 기도를 할 수 있니. 그건 네 욕심이 너무 많이 들어간 기도야. 그 기도는 틀렸어. 그것도 기도라고 하니" 이렇게 기도를 평가하고 판단하고 정죄하지 않으십니다. 오히려 틀린 기도를 보며 더 귀여워하십니다.

제 아내는 산이가 알아들을 수 없는 옹알이를 해도 다 알아듣고 "어, 산이가 배가 고프구나. 어, 우리 산이가 똥을 쌌구나. 어, 우리 아들이 씻고 싶구나" 하고 대답해줍니다.

하나님도 우리가 어떤 기도를 하든 "그래, 잘하고 있어. 네가 무슨 말 하는지 내가 알아. 네가 지금 이것이 필요하다는 거구나. 네가 지금 이것 때문에 힘들다는 거구나. 그래, 내가 이해했어. 걱정하지 마" 하며 다 알아서 해석해주십니다.

아이들은 말을 배울 때 틀리는 것을 무서워하지 않습니다. 맞든 틀리든 상관없이 그냥 내뱉습니다. 말은 배워서 하는 것이 아니라 하면서 배우는 것입니다. 그러니 내 기도가 틀린 것은 아닌지, 이 기도가 잘못된 기도는 아닌지 너무 고민하지 마세요. 틀려도 괜찮습니다. 너무 잘하려고 하지 마세요. 완벽하게 배워서 하지 않아도 됩니다. 기도는 그냥 하면 됩니다. 이기적인 욕심으로 하는 기도도 괜찮습니다.

하나님은 우리의 틀린 기도조차도 좋아하십니다. 옳지 않은 기도를 해도 기뻐하십니다. 넋두리조차 다 받아주십니다. 하나님은 우리가 하는 그 어떤 기도도 다 들어주실 만큼 충분히 크신 분입니다. 기도의 단어 하나 틀렸다고 지적하고 응답하지 않으시는 그런 속 좁은 분이 아닙니다. 하나님은 우리가 무엇을 원하는지, 무엇이 필요한지 다 아시고 우리에게 가장 좋은 것을 주시는 좋은 분이십니다.

말을 배우는 아이에게 틀린 부분을 지적하면 그다음부터 아이는 말을 하지 않습니다. 말을 배우는 것이 더 느려집니다. 우리도 주변에 기도를 시작하는 분들에게 "이렇게 기도해라, 저렇게 기도해라" 하며 너무 많은 피드백을 한다면 오히려 기도를 배우지 못하게 막을 수 있습니다.

기도는 솔직하게 하는 것이다

다윗의 기도에는 감사 기도도 있고 찬양의 기도도 있지만, 솔직한 기도도 참 많습니다. 하나님의 마음에 합한 사람이라 칭함 받은 다윗이 이런 기도를 합니다.

여호와여 일어나소서 나의 하나님이여 나를 구원하소서 주께
서 나의 모든 원수의 뺨을 치시며 악인의 이를 꺾으셨나이다
시 3:7

더 리얼한 표현은 "하나님, 저 원수들의 뺨을 갈겨주시고,
아구창을 날려주세요" 이런 기도입니다. 다윗의 기도는 매
우 주관적인 기도입니다. 옳은 기도라고 할 수 없어 보이고
경건해 보이지도 않는, 기도 같지 않은 기도입니다.

그런데 하나님께서 다윗의 그런 솔직한 기도를 마음에 들
어 하셨습니다. 기도는 솔직하게 있는 그대로 하는 것입니
다. 힘들면 힘들다고, 괴로우면 괴롭다고, 기도가 안 되면 기
도가 안 된다고 하는 것입니다. 하나님의 마음에 합한 기도
는 완벽한 기도가 아니라 솔직한 기도입니다.

기도하다 보면 눈물이 날 때가 있습니다. 그러면 그냥 우
세요. 울어도 됩니다. 저도 기도하면서 하나님 앞에서 참 많
이 울었습니다. 어떤 분이 "눈물은 우리 영혼의 가장 진실한
언어다"라고 말했습니다. 눈물이 난다는 것은 마음이 지금
가장 솔직한 상태라는 것입니다.

남자는 눈물을 보여서는 안 된다는 유교적인 교육을 받아
서 눈물 흘리는 것을 부끄러워하고, 눈물이 나는데도 참는
분이 있습니다. 그러나 울어도 괜찮습니다. 우리의 아빠이신
하늘 아버지 앞에서 어린아이처럼 마음껏 울어도 됩니다. 우

리가 흘린 눈물을 하나님께서 다 받으십니다.

> 나의 유리함을 주께서 계수하셨사오니 나의 눈물을 주의 병에
> 담으소서 시 56:8

또한, 이런 고민이 들 때가 있습니다.

'이런 기도는 너무 내 욕심대로 구하는 것 아닐까? 욕심을 내려놓게 해달라고 기도해야 하나?'

'이것은 하나님의 뜻인가, 아니면 내 뜻인가?'

너무 고민할 필요 없습니다. 그냥 하면 됩니다. 하나님께서 우리에게 줘도 될만하면 주시고, 우리가 변해야 한다면 우리를 변화시켜 주실 것입니다. 부족한 기도도 다 알아들으시고, 부족한 우리를 성숙시켜 가실 하나님을 신뢰하고 그냥 하십시오.

제 유튜브 채널에 어떤 분이 "목사님, 로또 1등 되게 해달라고 기도해도 되나요?"라는 질문을 올렸습니다. 그래서 "네, 기도하세요. 하나님께서 그 기도도 들으시고 가장 좋은 것으로 응답해주실 거예요"라고 답글을 드렸더니 지금까지 자기가 이렇게 글을 남기면 다 무시했는데 이렇게 댓글을 달아주신 분은 목사님이 처음이라면서 감사하다고 글을 남겼습니다. 그 분이 이제 기도를 시작하지 않았을까요?

세상에는 기도하는 사람과 기도하지 않는 사람, 두 종류의

사람만 존재합니다. 기도는 그냥 하는 것입니다. 여러분이 기도에 대해 말하는 사람이 아니라 기도를 하는 사람이 되기를 축복합니다.

주님을 부르는 것만으로 충분하다

아기가 태어나서 가장 먼저 하는 것은 부르짖는 것입니다. "응애 응애"하고 부르짖죠. 갓 태어난 아기는 자세히 설명하지 못합니다. 부드럽게 이야기하지 못하고, 엄마가 하는 이야기를 알아듣지도 이해하지도 못합니다. 갓난아기는 말할 줄도 들을 줄도 모르고, 그저 부르짖는 것이 전부입니다. 그것이 아기가 소통하는 유일한 방법입니다.

영적으로도 마찬가지입니다. 먼저 부르짖어 구해야 합니다. 부르짖으며 구하는 것이 소통의 전부라고 할 수는 없지만, 아이가 평생 부르짖기만 하진 않죠. 부르짖다가 점점 언어를 배웁니다. 듣는 법도 배우고, 말하는 법도 배우고, 설명하는 법도 배우고, 이해하는 법도 배우고, 순종하는 법도 배웁니다. 그러나 언제나 시작은 부르짖는 것입니다.

하나님께 부르짖어 구하십시오. 말을 많이 하지 않아도 됩니다. 그냥 "주여!" 하고 부르는 것만으로도 충분합니다. 하나님은 우리의 부르짖음을 들으시고, 그것의 의미를 아시고, 부르짖음에 응답해주십니다.

너는 내게 부르짖으라 내가 네게 응답하겠고 네가 알지 못하는 크고 은밀한 일을 네게 보이리라 렘 33:3

너는 내게 부르짖으라고 하십니다. 부르짖음에 응답하겠다고 말씀하십니다. 상상할 수 없는 크고 놀라운 일을 행하겠다고 약속하십니다. 부르짖음이 기도라는 것입니다.

홍해 앞에 선 모세는 하나님께 자신의 상황을 설명하거나 설득하지 않았습니다. "주님, 어찌합니까. 주님 살려주세요!" 절박한 마음으로 하나님께 부르짖었습니다. 엘리야는 자신의 무릎 사이에 머리를 박고 간절하게 주님께 부르짖었고, 앞을 보지 못하는 거지 바디매오는 사람들이 시끄럽다고 손가락질해도 "다윗의 자손 예수여 나를 불쌍히 여기소서!"라고 부르짖었습니다. 예수님도 겟세마네 동산에서 이 잔을 내게서 거두어달라고 부르짖어 간구하셨습니다. 아이가 "응애" 하고 부르짖듯 우리도 "주여!" 하고 부르짖는 것으로 충분합니다. 부르짖어 구하는 것이 기도입니다.

구함으로 시작하는 기도

"어떻게 하나님께 달라고만 합니까. '쥬씨옵소서', '미쑵니다' 이렇게 수준 낮은 미신적인 기도는 기복적인 기도이고 이런 기복적인 신앙은 기독교가 아닙니다."

축복을 구하는 기도에 대해 기복적 신앙이라는 메시지가

전해지자 성도들이 기도에 가면을 쓰거나 기도 자체를 하지 않게 되었습니다. 구하는 기도를 수준 낮은 기도라고 가르치면 그런 메시지를 들은 성도들이 어떻게 기도할 수 있겠습니까. 구하지 못하니 기도할 게 없습니다. 교회에서는 목사님이 좋아할 만한 내용의 기도만 하고, 구하는 기도는 다른 곳에서 하거나 사람들의 눈치를 봐가면서 합니다.

물론 우리의 기도가 하나님과 더 깊고 친밀한 교제 가운데 하나님께 사랑을 고백하고 그저 하나님의 깊은 임재 안에서 "주님" 하고 부르기만 해도 마음에 깊은 은혜와 감동이 있을 수 있습니다. 다른 어떤 것도 필요 없고 주님만으로 만족하다는 뜨거운 고백을 드릴 수도 있습니다.

그러나 처음부터 그렇게 할 수는 없습니다. 기도는 먼저 구하는 것부터 하는 것입니다. 구하지 않으려면 기도를 왜 합니까? 도와달라고도 못 할 거면 신앙생활을 왜 합니까? 우리가 기도한다는 것은 하나님의 도움이 필요하다는 것이고, 하나님의 응답이 필요하다는 것이고, 하나님의 기적이 필요하다는 것입니다.

내게 구하라 내가 이방 나라를 네 유업으로 주리니 네 소유가 땅끝까지 이르리로다 시 2:8

구하는 기도를 기복적인 기도라고 정죄해서는 안 됩니다.

하나님은 우리에게 구하라고 하셨고, 구하는 자들에게 축복하겠다고 말씀하셨습니다. 예수님이 가르쳐주신 주기도문의 내용을 봐도 구하는 기도로 가득 차 있습니다. 예수님은 영혼의 문제뿐만 아니라 현실의 문제도 관심을 갖고 해결해 주셨습니다. 그 하나님께 구하는 기도를 드리는 것은 너무도 자연스러운 것입니다.

제가 현장에서 만난 수많은 성도님에게는 기복신앙이라고 정죄하는 메시지보다 기도를 통해 오늘 하루를 살아갈 한 줌의 소망이 필요했습니다. 등록금 때문에 휴학을 걱정하는 학생, 깨어진 가정으로 고통받는 자녀들, 부도의 위기 앞에 선 가장, 일터를 잃은 아버지, 병원에 누워있는 아들을 바라보며 기적이 일어나기를 바라는 어머니, 가족의 우울증으로 모든 것이 멈춰버린 가정…. 그들의 간절한 기도를 어떻게 기복적인 기도라고 정죄할 수 있습니까.

구하는 기도는 기복이 아니라 축복입니다. 사람들은 기복적인 신앙이라고 말할지 모르지만 저는 하나님의 축복 없이는 살 수 없습니다. 하나님께서 축복하셔야만 살 수 있습니다. 그래서 저는 오늘도 하나님의 은혜를 구하고, 하나님의 도우심을 구하고, 하나님의 축복을 구할 것입니다.

하나님은 우리의 구함을 기다리신다

저는 신학을 하겠다고 해서 집에서 쫓겨났습니다. 대학 등록금이 없어서 기도했더니 한 번도 가본 적도 없고 만난 적도 없는 교회를 통해(저는 지금도 그 교회가 어떤 교회인지 알지 못합니다) 등록금을 받게 되었습니다. 지금까지 그 교회의 장학금 규칙은 본 교회 다니는 학생에게 100만 원씩 주는 것이었는데 처음으로 교회 밖의 학생에게 200만 원을 지급했고, 그것은 정확한 저의 등록금이었습니다.

찬양 인도를 할 때 기타가 필요해 기도했는데 하나님은 제가 구한 것보다 훨씬 좋은 기타를 더 저렴하게 살 수 있게 하셨고, 또 한번은 기타회사의 대표님을 통해 예쁜 기타를 후원받게 하셨습니다. 사역에 자동차가 필요해 기도했더니 한 목사님이 차를 바꾼다면서 자신의 차를 저렴한 가격에 주셨습니다. 노래를 배우고 싶다고 기도했더니 음악학원 원장님을 만나서 마음껏 노래를 배울 수 있게 해주셨습니다.

이 모든 것은 하나님께서 하신 것입니다. 하나님은 우리의 간구와 부르짖음을 기복이라고 외면하지 않으시고 더 좋은 것으로 축복해주십니다.

물질의 문제로 어려움을 겪고 있다면 물질을 달라고 구하세요. 사람이 필요하다면 사람을 보내달라고 기도하세요. 질병이나 마음의 깊은 상처로 고통 가운데 있다면 치료해 달라고 매달리세요. 결혼하고 싶으면 배우자를 달라고 구하세요. 출근할 직장이 필요하다면 일터를 달라고 구하세요. 자녀를 갖고 싶다면 자녀를 달라고 구하세요. 시험을 앞두고 있다면

합격시켜달라고 구하세요. 영적인 성숙이 필요하다면 성숙한 신앙을 달라고 구하세요. 무엇을 하고 싶은지, 무엇을 갖고 싶은지, 무엇이 되고 싶은지, 무엇을 이루고 싶은지 구체적으로 구하세요. 기도는 구하는 것입니다.

《리처드 포스터의 기도》에 이런 글이 나옵니다.

캠브리지 대학의 허버트 파머 교수는 우리에게 상기시켜 주기를 "만일 기도가 신앙의 핵심이라면, 간구는 기도의 핵심이다."라고 했다. 간구 기도가 없으면 우리는 꼭지가 잘린 기도 생활을 하는 것이다. 나는 하나님께서 우리에게 줄 만한 구실을 찾으시다가 우리가 구할 때 얼마나 기뻐하실까 하는 것을 다시 한번 우리 모두에게 상기시키고 싶다.[1]

기도의 핵심은 구하는 것입니다. 우리가 도와달라고 소리칠 때 하나님의 심장은 빠르게 뛰기 시작하고, 하나님의 피는 뜨거워지며, 하나님의 손은 분주해집니다.

구하라 그리하면 너희에게 주실 것이요 찾으라 그리하면 찾아낼 것이요 문을 두드리라 그리하면 너희에게 열릴 것이니 구하는 이마다 받을 것이요 찾는 이는 찾아낼 것이요 두드리는

---

1) 리처드 포스터, 《리처드 포스터의 기도》 (서울: 두란노, 2011), p.255

예수님이 우리에게 구하라고 하십니다. 기도는 구하고 찾고 두드리는 것입니다. 그러면 주께서 받게 해주시고, 찾게 해주시고, 열리게 해주십니다. 구하는 자에게 반드시 응답하십니다.

사람 앞에 무릎 꿇는 것은 절망의 상징이지만, 하나님 앞에 무릎 꿇는 것은 희망의 상징입니다. 기도하는 사람은 최악의 상황에서도 결코 절망하지 않습니다. 기도는 최악의 상황에서도 소망을 갖게 합니다. 기도는 모든 닫힌 문을 여는 열쇠입니다. 하나님은 저 거친 파도 소리보다 우리의 작은 부르짖음을 더 크게 들어주십니다. 이 기도의 응답을 맛보면 기도를 하지 않을 수가 없습니다. 어서 구하십시오.

chapter 2

기도는 하나님께 하는 것이다

기도 방식보다 기도의 대상이 중요하다

기도하는 모습은 사람마다 참 제각각입니다. 어떤 사람은 편안하게 이야기하듯 기도하고, 어떤 사람은 목이 쉬도록 통성으로 기도하고, 어떤 사람은 조용히 침묵으로 기도하고, 어떤 사람은 뜨겁게 방언으로 기도합니다. 어떤 모습으로 기도하는 것을 좋아하시나요?

그런데 우리는 기도하는 스타일을 가지고 기도를 판단합니다. 어떤 사람은 조용히 말하듯 기도하는 것을 기도로 인정하지 않습니다. 그렇게 냉랭하게 식은 죽 같은 기도는 하나님께서 받지 않으신다는 것이죠. 어떤 사람은 통성으로 기도하는 것에 대해 "하나님께서 귀가 먹었냐. 왜 그렇게 시끄럽게 기도하냐. 그게 무슨 기도냐"라고 비아냥거립니다.

또 어떤 분은 무슨 말인지도 모르고 중얼거리는 것이 무슨 기도냐면서 방언으로 하는 기도는 기도로 인정하지 않습니다. 침묵으로 하는 기도는 다른 종교에서 하는 명상에 불과

하다면서 기도로 인정하지 않는 분도 있습니다.

그러나 어떻게 기도하느냐는 중요하지 않습니다. 기도 스타일은 그 사람이 처한 상황, 그 사람의 기도 제목, 그 사람의 성품, 그 사람이 받은 은사에 따라 다 다를 수 있습니다. 하나님은 조곤조곤 이야기하는 기도도 들으시고, 통성으로 부르짖는 기도도 들으시고, 침묵 기도도 들으시고, 방언으로 하는 기도도 들으십니다.

하나님은 어떤 스타일의 기도를 더 좋아하시는 것이 아니라 기도와 기도하는 나를 좋아하시는 것이니, 내게 맞는 방법으로 기도하면 됩니다. 틀린 것이 아니라 다른 것입니다. 하나님은 얼마든지 나의 스타일을 존중하고 배려해 주실 만큼 그릇이 큰 분이십니다.

정작 어떻게 기도하느냐보다 더 중요한 것은 누구에게 기도하느냐입니다. 많은 종교에서 다 기도를 합니다. 그들의 기도와 우리의 기도가 다른 것은 기도 스타일이나 기도 방법이 아니라 기도의 대상이 다르기 때문입니다. 기도는 스타일이 아닙니다. 빙햄 헌터(Bingham Hunter) 교수는 《프레어》에서 이렇게 말합니다.

결함이 있는 비행기를 조종술로 보충할 수는 없다. 믿음의 힘으로 죽음을 넘어 영원한 생명으로 비행할 수는 없다. 문제는 신뢰할 수 있을 만한 존재를 당신이 신뢰하였는가 하는 것이

다. 하나님을 신뢰하지 않고, 당신이 믿는다는 사실을 신뢰하는 것은 치명적인 실수이다.[2]

기도는 방법이 아니라 대상의 문제라는 것입니다. 아무리 비행기 조종술이 뛰어나도 결함이 있는 비행기로는 목적지에 도달할 수 없죠. 기도의 방법은 흉내 낼 수 있어도 기도의 능력은 흉내 낼 수 없습니다. 기도는 어떻게 하느냐가 아니라 누구에게 하느냐가 중요합니다.

하나님을 알면 기도가 즐거워진다

사람들은 대개 익숙한 사람들과는 이야기를 잘하지만, 낯선 환경에서 낯선 사람과 처음 만나는 자리는 어색해합니다. 상대방이 어떤 사람인지 잘 모르니 어떤 이야기를 어디까지 해야 할지 판단이 서질 않기 때문입니다.

기도가 어려운 이유도 마찬가지입니다. 기도를 들으시는 하나님이 어떤 분이신지 잘 모르기 때문이지요. 기도는 어떤 기도를 어떻게 할 것인지보다 우리의 기도를 들으시는 하나님이 어떤 분이신지를 알 때 쉬워집니다.

---

2) 빙햄 헌터, 《프레어》 (서울: 규장, 1998), p.187

소중한 아들 대신 나를 살리신 하나님

이 시대는 매우 자기중심적인 시대입니다. 내가 중요하고, 철저하게 나를 중심으로 세상이 돌아갑니다. 그런데 그 말은 틀린 말입니다. 세상은 나를 중심으로 돌아가지 않습니다. 세상은 아들을 중심으로 돌아갑니다.

우리 집의 주인은 제가 아니라 제 아들입니다. 온 집안이 아들의 물건으로 꽉 차 있습니다. 저는 책을 매우 중요하게 여겨서 다른 것은 버려도 책은 못 버립니다. 제 아내가 책 좀 버리면 안 되냐고 그렇게 이야기해도 "안 돼요. 차라리 나를 갖다 버려요" 하며 버텼습니다. 그런데 어느 날 제가 책을 버리고 거실에 있던 제 짐을 줄입니다. 아들의 책과 장난감이 들어올 자리를 마련하기 위해서죠.

제 아내는 브랜드가 있는 옷을 잘 사지 않습니다. 서 있는 옷보다는 누워있는 옷을 삽니다. 그런데 자신을 위해서는 그렇게 돈을 아끼는 아내가 아들을 위해서는 돈을 아끼지 않습니다. 제가 아들을 위해서 돈을 쓰고, 집안 곳곳이 아들의 장난감으로 꽉 차 있는 것을 보고 싫어할까요? 불편해할까요?

아니요, 좋아합니다. 제 아들을 위해 쓰는 돈은 아깝지 않고, 할 수만 있다면 더 좋은 것을 사주고 싶습니다. 아버지에게 아들은 그런 것입니다. 저도 제가 소중하고 저를 중심으로 세상을 살고 싶은 아주 이기적이고 욕심 많은 사람인데 그런 저도 아들 앞에서는 이기적인 마음이 작동되지 않고 언제나 저보다 아들을 먼저 생각합니다.

그런데 하나님은 우리를 구원하시려고 자신의 능력과 지혜를 사용하거나 천사들을 보내거나 자신이 십자가를 지지 않으십니다. 자신의 외아들을 내어 주십니다. 제가 아들을 낳고 보니 이 말씀은 말이 안 되는 겁니다.

'어떻게 아들을 내어 주지? 어떻게 이것이 가능하지! 어떻게 이럴 수 있지! 이것은 말이 안 되는데, 불가능한데!'

자기 목숨을 내어 주는 것도 쉽지 않지만, 아들의 목숨을 내놓는 것은 불가능한 이야기입니다. 어떻게 완전한 삼위일체 하나님께서 그런 결정을 하실 수 있을까요. 도저히 이해가 안 됩니다. 그런데 하나님께서 그런 결정을 하신 것입니다.

기독교의 가장 큰 축복은 내가 하나님의 자녀 된 것입니다. 우리를 위해 아들을 내어 주신 하나님을 내 삶의 구원자와 주님으로 영접함으로, 죄인이던 우리가 하나님의 자녀 된 것입니다. 하나님은 죄인 된 우리에게 자녀의 권세를 주셨습니다. 이 말은 하나님의 중심에 바로 우리가 있다는 것입니다. 하나님은 당신의 외아들을 내어 주기까지 우리를 사랑하셨고, 그의 핏값으로 산 우리가 하나님의 중심에 있다는 것입니다.

하나님은 우리를 죄의 노예에서 하나님의 노예로 바꾸신 것이 아니라, 죄의 노예에서 하나님의 자녀가 되게 하셨습니다. 그분은 나를 사랑하시는 내 아빠입니다. 내가 구할 때마다 가장 좋은 것을 주시는 아빠입니다. 하나님이 나의 아빠라는 것을 알면 기도하지 않을 수가 없습니다. 그래서 기도는 무거운 의무가 아니라 놀라운 특권입니다.

기도하지 않는다는 것은 하나님이 어떤 분이신지 아직 잘 모른다는 것입니다. 하나님이 어떤 분이신지 알면 기도가 쉬워집니다. 하나님의 사랑이 얼마나 큰지 알게 되면 기도가 재밌어집니다. 하나님의 능력이 얼마나 놀라운지 알면 기도가 즐거워집니다. 그분의 지혜와 그분의 능력과 그분의 사랑을 알면 기도하는 시간이 기다려집니다.

내 말에 공감해주시는 하나님

기도를 들으시는 하나님이 어떤 분이신지 알게 되면 기도만큼 즐거운 것이 없습니다. 어떤 사람과는 10분의 만남이 10년처럼 길게 느껴지기도 하지만, 어떤 사람은 만난 지 10분 지난 것 같은데 3시간이 훌쩍 지나 있기도 합니다. 그것은 그 사람이 내 말을 잘 들어주었기 때문입니다. 세상에서 가장 재미있는 이야기는 자기 이야기입니다. 공감해주는 사람 앞에서 자기 이야기를 하는 것만큼 재미있는 것은 없습니다. 그런데 성경의 하나님은 우리 마음을 누구보다 잘 공감하시는 분입니다.

우리에게 있는 대제사장은 우리의 연약함을 동정하지 못하실

이가 아니요 모든 일에 우리와 똑같이 시험을 받으신 이로되 죄는 없으시니라 그러므로 우리는 긍휼하심을 받고 때를 따라 돕는 은혜를 얻기 위하여 은혜의 보좌 앞에 담대히 나아갈 것이니라 히 4:14,15

"하나님, 저 힘들어요."

"그래, 맞아. 힘들지. 나도 겪어봐서 네 맘을 잘 알아. 나도 십자가가 참 힘들었어."

"하나님, 저 외로워요."

"그래, 얼마나 외로웠니. 나도 외로워 봤잖아. 제자들이 모두 떠난 밤 많이 외로웠거든. 네가 얼마나 외로운지 내가 네 맘을 알아."

"하나님, 저 무서워요."

"그래, 많이 무섭지. 십자가를 지기 전 나도 정말 무서웠거든. 그래도 너니까 이렇게 버티는 거야."

이렇게 하나님은 언제나 내 편이 되어 내 말에 공감해주는 분이시기에 하나님께 기도하는 시간만큼 즐거운 시간이 없습니다.

내 기도에 응답해주시는 하나님

더 놀라운 것은 하나님께서 기도에 공감해주실 뿐만 아니라 응답해주신다는 것입니다.

저의 할머니는 아흔이 넘어서도 새벽 4시면 어김없이 일어나 샤워하고, 새 옷으로 갈아입고 몇 시간을 기도하셨습니다. 젊어서는 하루에 8시간씩 기도하셨는데 지금은 힘이 없어서 3시간밖에 기도를 못 한다고 하신 말씀이 기억납니다.

할머니는 신앙생활을 하면서 가장 안타까운 것이 말씀을 읽고 싶은데 무학(無學)이라 글을 몰라서 읽지 못한 것이었습니다. 그래서 하나님 앞에서 울며 간절히 기도했다고 합니다. 창피해서 누구에게 말도 못 하고 그냥 하나님께 기도만 한 것입니다.

"하나님, 저는 글을 모릅니다. 그런데 성경 말씀이 하나님의 말씀이라고 하는데 제가 하나님의 말씀을 읽을 수 없으니 너무 속상합니다. 하나님, 글을 깨우쳐주세요."

할머니는 항상 주기도문으로 시작해서 나라와 민족을 위해서 기도하고, 대통령을 위해서 기도하고, 목사님과 교회를 위해 기도하고, 가족들과 중보기도 부탁받은 사람들을 위해서 기도하고 사도신경으로 기도를 마쳤다고 합니다.

그런데 어느 날 성경 앞에 있는 주기도문과 사도신경을 보는데 그 글이 조금씩 읽어지더랍니다. 그래서 성경을 펴봤는데 "태.초.에.하.나.님.이.천.지.를.창.조.하.시.니.라" 더듬더듬이지만, 성경의 글자들이 자기도 모르게 읽어지기 시작하더랍니다. 그래서 하나님께서 한글을 깨우쳐 주셨다면서 얼마나 기뻐하셨는지 모릅니다. "하나님의 온갖 보화 같은 지혜의 말씀이 여기에 다 있다" 하면서 참 좋아하셨습니다.

기도하고 응답받는 것보다 재미있는 것은 없습니다. 제가 사는 곳은 늦게 퇴근하면 주차하기가 쉽지 않아서 저는 늦은 시간 주차장에 들어갈 때 "하나님, 오늘도 주차할 자리를 예비해주신 줄 믿습니다" 하고 기도합니다. 그러면 주차할 자리가 있고, 자리가 없을 때도 조금만 기다리면 주차 자리는 항상 생깁니다. 한 번도 주차하지 못해 다른 곳에 주차해본 적이 없습니다. 어떤 분에게는 주차하는 것이 스트레스지만 저에게는 너무 재미있는 시간입니다.

한번은 월요일에 드리는 가정 예배 시간에 기도제목을 나누며 "여보, 지금 내 소원은 한라봉을 귤 먹듯이 마음껏 먹는 거야"라고 말한 적이 있습니다. 여름휴가 때 제주도의 농장에서 바로 딴 한라봉을 먹었는데 얼마나 맛있던지요. 마치 제주도를 먹는 것 같았습니다. 그때가 생각나서 다음날 한라봉을 사려고 마트에 갔는데 생각보다 비싸서 그냥 돌아왔습니다.

수요일, 아내의 생일에 끓여줄 미역국 재료를 사러 마트에 갔는데 한라봉 4개가 담긴 봉지 하나에 특별 세일 스티커가 붙어 있었습니다. 마지막 한 봉지가 남아 있던 것이죠. 저는 할렐루야를 외쳤고, 그날 달콤한 한라봉을 정말 맛있게 먹었습니다. 목요일에는 제가 한라봉 먹고 싶다고 이야기한 적도 없는데 한 전도사님이 사무실에 한라봉을 한 봉지 사 와서 맛있게 먹었고, 금요일은 한 형제를 상담하러 간 카페에 한라봉 주스가 있었으며, 토요일에는 결혼하는 커플을 만났는데 그 카페에 너무 맛있는 제주 감귤차가 있었습니다.

제가 한라봉이 먹고 싶다고 하니까 하나님은 매일 한라봉을 먹게 해주셨습니다. 정말 행복한 한 주였습니다. 하나님은 우리가 생각하기에 하찮아 보이는 작은 기도조차 응답해주십니다. 기도 응답을 받는 것은 너무 즐거운 일입니다.

왜 기도를 합니까? 응답받기 위해서 합니다. 응답이 없다면 기도할 이유가 없죠. 응답이 없는 기도는 그저 자기독백에 불과합니다. 그러나 하나님은 우리의 기도에 반드시 응답해주십니다. 물론 제가 드린 기도가 모두 제가 원하는 때에 제가 원하는 방법으로 응답된 것은 아닙니다. 그러나 그것이 은혜입니다. 우리가 기도한 대로 다 응답되면 세상이 엉망이 되지 않겠습니까. 모든 것을 아시는 하나님께서 가장 선하신 방법으로 우리의 기도에 응답해주십니다.

기도해도 응답이 없는 것처럼 느껴지는 분이 계시죠? 걱정하지 마세요. 당장 눈에 보이는 것이 없고 응답이 없는 것 같아도 하나님께서 일하고 계심을 믿으십시오. 하나님의 은혜가 나를 감싸고 있다고 믿으십시오. 시간이 흐른 뒤 하나님께서 어떻게 응답하셨는지 분명히 보게 될 것입니다. 기도는 반드시 응답됩니다.

기도는 하나님과 교제하는 것이다

예수님을 만나고 처음 기도할 때 제일 힘들었던 것은 오래 기도하는 것이었습니다. 그렇게 오랫동안 기도할 내용이 없다 보니 10분 정도 기도하면 더 할 말이 없어서 그 뒤로는 앞에서 했던 기도를 재탕했습니다. 그렇게 2시간씩 기도하려니 참 힘들었습니다. 그래도 오랫동안 기도하는 것은 할만했습니다. 2시간만 버티면 되었으니까요. 그런데 "쉬지 말고 기도하라" 이것은 불가능해 보이는 미션이었습니다.

'어떻게 쉬지 않고 온종일 기도할 수 있지?'

말도 안 된다고 생각했습니다. 기도가 무엇인지 잘 몰랐기 때문이죠. 제가 이해했던 기도는 제 마음의 소원을 요구하는 것이 전부였습니다. 그런데 성경이 말하는 기도는 소원을 비는 것을 넘어서서 유일하신 하나님과의 교제를 말합니다. 영이신 하나님과 인격적인 교제를 갖는 것이죠.

기도가 교제라는 것을 알고 나니 온종일 쉬지 않고 기도하는 것이 가능하겠다는 생각이 들었습니다. 교제한다는 것은 계속 말을 해야 하는 것이 아니라, 말을 하기도 하고 듣기도 하고, 때로는 아무 말 없이도 함께 있는 그 시간을 즐길 수 있는 것이기 때문입니다. 우리는 이러한 인격적인 교제를 통해 서로를 알아가고 서로 사랑하게 됩니다.

아름다운 교제를 위해 갖추어야 할 두 가지 중요한 마음 자세가 있습니다. 존중감과 친밀감입니다. 상대방을 존중하는 마음이 없으면 함부로 대하게 되고, 그런 관계는 금방 깨집니다. 친밀감이 없으면 만남이 형식적으로 변해서 관계가 오래가지 못합니다.

기도도 그렇습니다. 크고 놀라우신 하나님을 향한 경외심이 있을 때 하나님을 신뢰하며 어떤 문제라도 기도할 수 있게 됩니다. 그분을 아빠라고 고백할 만큼 친밀감이 있을 때 가장 먼저 그분을 찾게 됩니다. 하나님을 향한 경외심과 친밀감이 하나님과의 관계를 더욱더 깊고 풍성하게 합니다. 기도는 하나님과 아름다운 우정을 나누는 교제입니다.

기도는 하나님을 바라보는 것이다

사람은 무엇을 바라보느냐가 참 중요합니다. 직업 중에서 의사들의 자살률이 매우 높습니다. 정신과 의사들의 자살률이 1위라고 합니다. 이것이 시사하는 바가 큽니다. 문제를 계속 바라보면 문제가 생긴다는 것이죠.

현대인들이 우울증에 걸리는 이유는 지나친 비교와 경쟁 때문입니다. 비교와 경쟁은 상대방과 자신에게 지나치게 몰입하게 합니다. 나의 연약함과 한계를 계속 생각하게 하고, 상대방의 모습으로 자신을 계속 판단하게 합니다. 이것이 반복되면서 우울증에 빠지기도 하고 공황장애에 걸리기도 하는 것입니다.

기도는 자신을 향해 있던 시선을 하나님께 돌려서 하나님께 시선을 고정하고 계속 하나님을 바라보는 것입니다. 내가 얼마나 약한지가 아니라 나와 함께하시는 하나님이 얼마나 크고 놀라우신지, 내가 얼마나 부족한지가 아니라 나를 도우시는 하나님이 얼마나 위대한 분이신지, 내가 얼마나 초라한지가 아니라 나를 지으신 하나님이 얼마나 아름다운 분이신지에 집중하는 것입니다.

나를 향해 있던 시선을 하나님께 고정하고 집중해서 바라볼 때 지치고 곤고한 우리 영혼이 평안해지고, 세상이 빼앗을 수 없는 소망으로 충만해집니다. 그래서 시편의 기자도 이렇게 고백합니다.

나의 영혼아 잠잠히 하나님만 바라라 무릇 나의 소망이 그로부터 나오는도다 시 62:5

chapter 3

기도는 나를 위한 것이다

하나님은 우리가 도움을 청할 때 기뻐하신다

제 아들 산이가 돌쯤 되었을 때 새벽에 제 머리를 들어 올리며 "어어" 합니다(아직 말을 제대로 하지 못할 때라 '어어'로 소통합니다). 처음엔 다시 자라고 산이를 눕혔는데 산이가 자지 않고 계속 저를 깨우길래 일어났더니 저를 밖으로 데리고 갑니다. 냉장고를 가리키더니 "어어" 합니다. 냉장고 문을 열어주니 자몽청을 가리키며 "어어" 합니다. 낮에 먹었던 자몽차를 만들어달라는 것입니다. 그날 이후 새벽 3시가 되면 산이는 자고 있는 저를 깨워 자몽차를 한 잔 마시고 다시 잠듭니다.

사실 저는 한번 잠에서 깨면 다시 잠들기가 어렵습니다. 그런데도 산이가 제 아내 아닌 저를 깨웠다는 사실에 얼마나 기뻤는지 모릅니다. 그래서 매일 아침이 되면 새벽에 나를 깨운 아들의 이야기를 아내에게 자랑했습니다. 산이가 도움이 필요할 때 나를 찾아줬다는 것이 저를 행복하게 했습니다. 그런데 하나님께서 우리에게 그렇게 말씀하십니다.

환난 날에 나를 부르라 내가 너를 건지리니 네가 나를 영화롭게 하리로다 시 50:15

환난 날에 하나님을 부르라고 하십니다. 힘들 때, 도움이 필요할 때 하나님을 깨우면 하나님께서 도우시고 필요를 채워주신다는 것입니다. 우리의 기도에 응답해주신다는 것입니다. 그런데 하나님께 도움을 요청하는 그것이 하나님을 영화롭게 한다는 것입니다. 하나님을 기쁘시게 하는 것은 우리의 능력이 아니라 우리의 결핍이라는 것입니다.

하나님은 하나님의 자녀인 우리가 뭔가를 잘할 때도 기뻐하시지만, 하나님께 뭔가 할 수 있는 기회를 드릴 때 훨씬 더 기뻐하십니다. 우리가 성공한 자리뿐만 아니라 실패한 자리도 하나님을 영화롭게 할 수 있습니다. 하나님께 도와달라고 하는 것을 하나님께서 기뻐하십니다.

"네가 도움이 필요할 때 다른 사람이 아니라 나를 찾았구나. 그래. 내가 최선을 다해서 너를 도와줄게. 나의 모든 능력을 동원해서 너를 도와줄 거야."

기도는 전능하신 하나님을 흥분시키고 그분을 바삐 움직이시게 합니다. 그 어떤 뛰어난 능력을 갖춘 사람보다 더 큰 일을 하게 하는 것이 기도입니다. 인간이 할 수 있는 것 중에 기도만큼 놀랍고 위대한 일이 또 있을까요. 기도는 하나님을 기쁘시게 합니다.

기도는 나의 특권이다

하나님이 내 아빠 되시는 특권

산이는 저를 부를 때 그냥 '아빠'라고 부르지 않습니다. '산이 아빠'라고 부릅니다.

"산이 아빠, 안아주세요."

"산이 아빠, 도와주세요."

산이는 저를 부를 때마다 내가 누구인지 늘 기억하게 해줍니다.

"아, 내가 산이 아빠지."

하나님은 우리의 좋은 아빠입니다. 제 아들의 표현으로 하면 하나님은 "재기 아빠"입니다. 하나님은 나의 아빠이고 나는 하나님의 아들입니다.

너희 중에 누가 아들이 떡을 달라 하는데 돌을 주며 생선을 달라 하는데 뱀을 줄 사람이 있겠느냐 너희가 악한 자라도 좋은 것으로 자식에게 줄 줄 알거든 하물며 하늘에 계신 너희 아버지께서 구하는 자에게 좋은 것으로 주시지 않겠느냐 마 7:9-11

예수님은 기도에 관해 말씀하시면서 아빠와 아들의 관계로 설명하십니다. 자녀인 우리가 떡을 달라고 하면 하나님은 떡집이라도 사줄 수 있는 분이고, 생선을 달라고 하면 생선

가게라도 사주실 분입니다. 그 좋으신 하나님의 자녀 된 우리가 누릴 수 있는 가장 놀라운 특권이 기도라는 것입니다. 하나님의 자녀 된 우리가 누릴 수 있는 가장 큰 축복이 기도입니다.

언제나 더 많이 사랑하는 사람이 을(乙)입니다. 그래서 저는 산이에게 언제나 을이죠. 그런데 온 우주 만물을 창조하신 만왕의 왕 하나님께서 지극히 작은 저의 을이 되셨습니다. 전능하신 하나님께서 작고 연약한 저보다 약자가 되신다는 것입니다. 하나님께서 저를 더 많이 사랑하신 것입니다. 이보다 더 놀라운 축복이 어디 있을까요.

언제든지 하나님을 만날 특권

자녀가 누릴 수 있는 가장 놀라운 특권은 아버지께 언제든지 나아갈 수 있는 것입니다. 산이는 저에게 묻지도 않고 제 방문을 벌컥벌컥 열고 들어옵니다. 제가 무엇을 하고 있든 상관없이 제 무릎 위로 올라옵니다. 제 허락도 받지 않고 제 물건을 만집니다. 제게 뭔가를 요구할 때 미안해하거나 눈치 보지 않고, 마치 맡겨 놓은 것을 찾기라도 하듯 당당하게 요구합니다. 그래서 아들입니다.

누가 감히 왕 앞에 자기 마음대로 나아갈 수 있습니까. 누가 감히 왕에게 당당히 요구할 수 있습니까. 그것은 아들만이 할 수 있는 특권입니다. 하나님께서 내 아빠 되시고 나는 하나님의 자녀 되었다는 것은 이제 내가 만왕의 왕이요 만주의 주가 되시는 창조주 하나님께 언제든지 나아갈 수 있게 되었다는 것입니다.

창조주 하나님의 중심에 서 있을 수 있는 특권, 언제든지 하나님의 방문을 열 수 있는 특권, 시간에 대한 부담을 갖지 않고 마음껏 이야기할 특권, 크기를 고민하지 않고 마음껏 당당하게 요구할 특권, 하나님을 부를 때 재기 아빠라고 부를 특권, 전능하신 하나님을 약자로 만들 수 있는 특권이 자녀의 특권입니다.

제가 섬겼던 교회는 목회자만 200명이 넘는 큰 교회로, 부목사도 담임목사님을 만나기가 쉽지 않습니다. 그래서 사역적으로 특별한 이유가 있을 때 미리 시간을 예약하고 무슨 이야기를 할지 보고서를 잘 준비해서 정해진 시간에 만나야 합니다. 그런데 부교역자가 신청하지 않았는데 담임목사님이 부교역자를 만나자고 먼저 약속하실 때가 있습니다.

그런 날은 정말 행복하죠. 긴장된 마음으로 목양실에 들어섰을 때 담임목사님이 환하게 웃으며 인사해주시고, 이런저런 개인적인 질문도 해주시고, 고민도 듣고 조언해주시고 격려도 해주셨던 그 시간을 저는 잊을 수가 없습니다. 이것이 나보다 높은 분을 만날 때의 일반적인 모습입니다.

하나님께서 쉬지 말고 기도하라고 명령하신 것은 무거운 의무가 아니라 놀라운 특권이자 축복입니다. 언제든지 내가 기도하면 만왕의 왕이신 하나님께서 들으시겠다는 것이기 때문입니다.

하나님을 만나는데 약속 시간을 정하고 보고서를 작성해서 그날 그 시간에 정해진 시간만큼 만나고 오는 것도 엄청난 일일 텐데 하나님께서 "언제든지 내 방문을 열고 들어오라" 하십니다. 밤이든 낮이든 상관없다는 것입니다. 1시간이든 2시간이든 상관없답니다. 큰일이든 작은 일이든, 중요한 일이든 사소한 일이든 상관없이 언제든지 "주님" 하고 부르면 "그래"하고 대답하시겠다는 것입니다.

온 우주 만물을 창조하신 하나님께서 먼지보다 작은 나의 5분 대기조가 된다는 것입니다. 하나님께 가장 중요한 사람이 우리이고, 하나님께 가장 급한 일이 우리를 만나는 일이고, 하나님께 가장 큰 일이 우리 기도에 응답하는 일이라는 것입니다. 빨리 기도하고 싶죠? 이것이 우리가 기도할 이유입니다.

기도가 우리의 힘과 능력이다

제 고향은 지리산입니다. 제가 살던 마을에는 교회가 없고, 대신 마을의 제사를 지내는 제각(祭閣)이 마을 가장 높은 곳에 있습니다. 교회 다니는 사람이 아무도 없던 시절, 신앙이 없던 아버지는 신학을 하겠다는 저의 결정을 도저히 이해할 수 없으셨습니다. 화가 난 아버지는 신학을 하면 10원도 지원해 줄 수 없으니 집을 나가라고 하셨습니다(지금 아버지는 저의 가장 든든한 지원자이십니다).

고등학교 2학년 때 집에서 쫓겨난 제가 할 수 있는 것은 기도밖에 없었습니다. 신학교의 입학 통지서를 받고서 등록금이 없던 제가 할 수 있는 것은 등록금 고지서를 들고 하나님께 기도하는 것뿐이었습니다. 사람들 앞에 서는 것도 두려워하고 노래도 못하는 제가 찬양을 인도하게 됐을 때도, 가진 것 없는 전도사가 결혼을 앞두었을 때도 할 수 있는 것은 기도밖에 없었습니다. 아무것도 결정되지 않은 상황에서 20년 동안 사역하던 곳 내려놓고 제가 할 수 있는 것은 하나님 앞에 엎드려 기도하는 것밖에 없었습니다.

아무것도 모르는 고등학교 2학년생이 어떻게 그렇게 대범하게 집을 나올 수 있었을까요. 낯가림도 심하고 노래도 못하던 사람이 어떻게 그 많은 사람 앞에서 힘있게 찬양을 인도할 수 있었을까요. 가난한 전도사가 어떻게 당당하게 결혼을 청할 수 있었을까요. 아무것도 정해진 것이 없는 상황에서 어떻게 모든 자리를 내려놓을 수 있었을까요.

기도했기 때문입니다. 기도하면 두려움과 염려가 사라졌습니다. 기도하면 용기가 솟고, 자신감이 생기고, 하늘이 열리는 것 같았습니다. 기도하면 기쁨이 샘솟고, 감사가 흘러넘치고, 소망과 기대하는 마음이 생겼습니다. 아무것도 가진 것이 없었지만 기도하고 나면 마치 세상이 내 발아래 있는 것 같았습니다. 기도하면 삶을 살아갈 생명력이 넘쳐나고,

고난을 돌파할 힘이 생깁니다.

이것은 인간적인 성품에서 나온 것이 아니라 기도를 통해서 하나님께서 부어주신 것입니다. 기도 없이는 하나님의 말씀대로 살 수 없습니다. 기도 없이는 하나님의 뜻을 이루고 하나님을 기쁘시게 하는 삶을 살 수 없습니다. 우리는 기도가 필요합니다.

이 세상살이가 얼마나 힘듭니까. 얼마나 많은 문제가 우리의 앞을 가로막고 있습니까. 자녀의 문제로 힘들고, 깨어진 관계로 밤잠을 이루지 못하는 분들이 있습니다. 질병의 문제로 한 치 앞이 보이지 않는 분들, 세상의 높은 벽 앞에 꿈을 포기해버린 분들이 있습니다.

우리가 어떻게 해야 하는지 몰라서 못 하는 것이 아닙니다. 알아도 힘이 없어서 못 합니다. 그 힘을 어디서 얻겠습니까. 기도입니다. 기도가 힘이고 기도가 능력입니다. 기도를 통해 이 힘든 세상을 이겨낼 힘을 얻기에 우리는 기도가 필요합니다.

나의 힘과 도움이 되시는 하나님의 사랑

제가 아침에 일어나서 제일 먼저 하는 말은 "하나님, 하나님은 제가 그렇게 좋으세요?"입니다. 이렇게 기도하면 언제나 하나님께서 제 마음에 이렇게 말씀하십니다.

"그럼 좋지, 내가 너를 얼마나 좋아하는데."

그러면 제가 다시 묻습니다.

"하나님은 제가 왜 그렇게 좋으세요?"

"내 아들이니까. 아빠가 아들을 좋아하는데 이유가 있어야 하니? 아들이니까 좋은 거지. 나는 네가 그냥 좋아."

언제나 하나님은 제게 이렇게 말씀해주십니다.

하루도 빠짐없이 언제나 새벽이면 저는 이 기도로 하루를 시작합니다. 나를 사랑하신다는 하나님의 음성 없이는 이 하룻길을 걸어갈 자신이 없기 때문입니다. 하나님께서 나를 사랑하신다는 확신 없이는 하루를 살아낼 용기가 없기 때문입니다.

인생의 바닥에 있을 때 우리가 기도 말고 할 수 있는 것이 무엇이겠습니까. 할 수 있는 것이 아무것도 없을 때 기도를 대체할 것이 무엇이겠습니까. 기도 외에는 방법이 없을 때가 있습니다. 그때는 기도해야 합니다. 모든 것이 끊어진 것 같은 때에 기도가 다시 살아갈 힘을 줍니다.

야곱의 하나님을 자기의 도움으로 삼으며 여호와 자기 하나님에게 자기의 소망을 두는 자는 복이 있도다 시 146:5

제가 참 좋아하는 성경 말씀입니다. 하나님께서 그분 자신을 소개하는데 야곱의 하나님이라고 하십니다. 제가 하나님이었으면 조금 더 괜찮은 사람, 내 이름에 걸맞은 사람을 골

랐을 것 같습니다. 예를 들어 "나는 다니엘의 하나님이야"라고 하면 더 어울리지 않겠습니까? 그런데 하나님은 자신을 굳이 야곱의 하나님이라고 소개하십니다.

"나는 욕심 많고, 이기적이고, 비겁하고, 고집이 세고, 겁 많고, 자기만 아는 야곱의 하나님이야."

그런데 저는 이 말씀이 너무 좋습니다. 야곱 같은 자까지도 기꺼이 사랑해주시고 그의 하나님이 되어주신 하나님, 야곱의 하나님이신 것을 부끄러워하지 않으신 하나님, 아니 자신을 야곱의 하나님이라고 당당하게 소개하시는 그 하나님이라면 나도 의지해볼 수 있지 않을까 하는 마음이 들기 때문입니다. 그 하나님을 의지하고, 그 하나님을 도움으로 삼고, 그 하나님께 소망을 둘 때 진정한 복이 있습니다. 하나님의 도움이 필요 없는 사람, 기도가 필요 없는 사람이 있을까요. 우리는 기도가 필요합니다.

기도는 명령이다

저는 지난 20년간 청년 사역을 했습니다. 청년 사역의 꽃은 제자훈련입니다. 교역자 한 명이 12명의 훈련생을 데리고 30분이면 할 강의 내용을 4시간씩 귀납법적으로 진행합니다. 늦은 밤 한 시간이 넘도록 목놓아 부르짖으며 기도하고, 함께 1박 2일간 MT 가서 깊은 이야기를 나누기도 합니다.

"목사님, 제가 하나님을 만났어요."

제 품에 안겨서 펑펑 울던 청년을 끌어안고 기도했던 그 날이 생생합니다. 한 학기가 끝나갈 때쯤엔 얼마나 애틋한 관계가 되어 있는지 모릅니다. 제자훈련을 통해 변화된 청년들이 후배들에게 제자훈련을 추천합니다. 그래서 제자훈련을 신청하는 날이면 신청은 12시부터 받는데 아침 8시부터 줄을 섭니다. 오전 내내 교회 복도가 제자훈련을 신청하려는 학생들로 장사진을 이룹니다.

제자훈련은 훈련의 강도가 세고, 해야 할 것이 많습니다. 큐티를 하지 않거나, 성경을 읽지 않거나, 정해진 기도 시간을 채우지 않으면 벌금을 내야 합니다. 한 학생이 목소리에 힘을 주고 저에게 질문합니다.

"제가 왜 벌금까지 내면서 기도를 해야 하나요?"

제가 이렇게 대답했습니다.

"왜냐면 기도는 안 하면 죽으니까. 안 하면 죽으니까 이렇게라도 하는 거야."

병원에서 생명이 왔다 갔다 하는 환자에게 의료진이 "이 주사 맞으실래요?" "이 약 드실래요?"라고 의견을 묻지 않습니다. 의사는 무조건 살리고 봅니다. 그게 의사죠. 기도도 마찬가지입니다. 해도 되고 안 해도 되는 것이면 이렇게까지 하지 않습니다. 기도는 안 하면 죽는 것이기 때문에, 해야만 살 수 있기 때문에 벌금을 걸으면서까지 하게 하는 것입니다.

기도가 뭐냐고 물어보면 저는 언제나 이렇게 대답합니다.

"안 하면 죽는 것"이라고. 우리 신앙의 선배들은 기도를 호흡이라고 가르쳤습니다. 기도가 호흡이라는 말이 이런 뜻 아닐까요? 안 하면 죽는 것. 그만큼 기도가 중요하다는 것입니다. 성경은 "기도해보면 어떨까?"라고 기도를 추천하지 않습니다. "기도하면 좋겠어"라고 기도를 권하지 않습니다. 성경은 기도를 명령합니다.

"쉬지 말고 기도하라!"

"시험에 들지 않게 깨어 있어 기도하라!"

"아무것도 염려하지 말고 오직 모든 일에 기도와 간구로 너희 구할 것을 하나님께 아뢰라!"

명령입니다. 이렇게 명령하신 이유는 하나님을 위해서가 아니라 우리를 위해서입니다. 하나님께서 이스라엘 백성을 출애굽 시키시고 시내산에서 십계명을 주신 이유는 하나님을 위해서가 아닙니다. 이스라엘 백성을 위해서였습니다. 십계명은 하나님의 백성들이 하나님의 백성답게 살 수 있도록 주신 지침입니다.

오직 하나님만 섬기라고 하셨기 때문에 더는 다른 신들의 눈치 보지 않아도 됩니다. 안식일을 기억해서 지키라고 했기 때문에 일주일에 적어도 하루는 쉼의 시간을 가질 수 있게 되었습니다. 부모를 공경하라고 했기 때문에 늙고 힘이 없어도 걱정하지 않게 되었습니다. 살인하지 말라, 간음하지 말라 하셨기 때문에 내가 비록 약해도 힘센 사람들의 위협에서

벗어날 수 있게 되었습니다. 십계명을 지키면 하나님이 아니라 우리에게 유익합니다.

가정에서도 부모가 자녀에게 규칙을 정해줍니다. 자고 일어나면 양치질을 해라, 텔레비전을 가까이에서 보지 마라, 공부할 때는 자세를 반듯하게 해라, 건널목을 건널 때는 좌우를 잘 살펴라…. 이 모든 규칙은 부모가 아니라 자녀를 위해서 준 것입니다. 기도를 명령하신 이유는 우리를 위해서입니다.

기도는 행복을 위해 주신 선물이다

"나의 행복이 아니라, 하나님의 영광을 위해 살아야 한다."

이 말은 우리에게 영적인 동기 부여를 하기도 하지만, 하나님을 오해하게 하기도 합니다. 내가 행복하게 사는 것과 하나님의 영광을 위해 사는 것을 반대 개념으로 착각해서 '내가 행복하면 하나님께서 영광 받지 못하시고, 하나님께 영광을 돌리려면 내가 행복해서는 안 된다'라고 생각하게 합니다. 그래서 많은 그리스도인이 행복한 시간을 불편해하고 죄책감을 느끼며 보냅니다.

그러나 이것은 하나님에 대한 오해입니다. 하나님은 우리가 고통받는 것을 좋아하는 분이 아닙니다. 하나님은 누구보다 우리가 행복하길 원하십니다. 물론 잘못된 것에서 행복을 얻으려 하는 것은 문제지만, 우리가 행복하게 사는 것 자체를 하나님께서 원치 않으신다는 생각은 옳지 않습니다.

하나님은 항상 기뻐하라고 하십니다. 우리가 기뻐하는 것이 하나님의 뜻이라고 하십니다. 우리가 기뻐할 때 하나님도 기뻐하십니다. 우리가 행복할 때 하나님께서 영광 받으십니다. 하나님은 하나님을 찬양하는 삶을 살게 하려고 우리를 지었다고 하십니다.

"하나님, 대단하세요. 하나님, 놀라워요. 하나님, 저 너무 기뻐요."

이런 고백을 할 수밖에 없는 삶을 살게 하려고 우리를 지으셨다는 것입니다. 우리가 즐겁게 사는 것이 하나님께서 우리를 지으신 목적이라는 것이죠. 그 하나님께서 우리가 즐겁고 행복하게 살아가게 하시려고 주신 선물이 기도입니다. 그래서 기도는 우리를 위한 것이고 기도 시간만큼 즐거운 시간은 없습니다. 기도는 즐겁습니다.

chapter 4

기도는 하나님이 이끄신다

하나님을 기대하고 크게 구하라

어린이날 자녀를 데리고 장난감 가게에 갔는데 아들이 '우리 아빠가 이것을 살 수 있을까, 없을까' 고민하고 아빠의 눈치를 보며 장난감을 고른다면 얼마나 자존심이 상할까요. 저는 제 아들이 제일 좋은 장난감을 고를 배짱이 있으면 좋겠습니다. 그렇게 자기 아빠를 큰 사람으로 믿었으면 좋겠습니다.

하나님도 그렇습니다. 하나님께 기도하는데 하나님이 이온 우주보다 크신 분이라는 것을 믿지 못하고 작고 사소한 것만 구한다면 하나님이 얼마나 자존심이 상하실까요. 기도는 크게 하는 것입니다. 그것이 하나님을 인정해 드리는 것입니다.

예수님이 기도를 가르치실 때 "하늘에 계신 우리 아버지"라고 하십니다. 아버지라고 부르는데 그분을 하늘에 계신 분이라고 하십니다. 좁은 이 땅에 담을 수 없을 만큼 크신 분이라는 것입니다. 그 크신 하나님의 자존심을 세워 드린다는 것은 하나님의 크심을 믿고 크게 구하는 것입니다.

"네 입을 크게 열라! 내가 채우리라"(시 81:10) 하였으니 크게 구하십시오. 그것이 하나님을 믿는 것입니다. 우리에게 아무리 큰일도 하나님께는 작은 일입니다.

하나님은 큰 산을 옮기기 위해서 큰 산 같은 믿음을 요구하지 않으십니다. 눈에 잘 보이지도 않는 작은 겨자씨 한 알의 믿음만으로도 큰 산을 바다에 던져버리실 만큼 주님은 놀라우신 분입니다. 겨자씨 한 알 정도의 믿음은 이미 우리 안에 있지 않을까요.

하나님은 가장 좋은 것으로 응답하신다

> 우리 가운데서 역사하시는 능력대로 우리가 구하거나 생각하는 모든 것에 더 넘치도록 능히 하실 이에게 엡 3:20

사람들은 하나님이 기도에 yes나 yet(wait)이나 no로, 이 셋 중 하나로 응답하신다고 합니다. 그러나 저는 '하나님은 나의 기도에 the best로 응답해주신다!'라고 믿습니다. 그게 yes든 no든 yet이든 언제나 하나님은 우리의 기도에 가장 좋은 것으로 응답해주십니다. 이것이 저의 믿음입니다.

제 유튜브의 수많은 구독자분들이 '따라 하는 기도' 시리

즈를 책으로 보고 싶다고 수십 개의 댓글을 남겼습니다. 그래서 하나님께 기도했습니다.

"하나님, 기도문을 책으로 낼 수 있게 인도해주세요."

출판사를 위해 기도하는데 하나님께서 한 분을 떠오르게 하셨습니다. 그분에게 연락을 드려서 책을 내려 한다고 했더니 한참 생각하고 규장출판사를 제안해주셨습니다. 자기가 할 수도 있지만, 규장출판사와 더 잘 맞는 것 같다는 것입니다. 그런데 제 마음속에 '그렇게 큰 출판사에서 내 책을 내려고 할까?' 하는 생각이 들었습니다. 그래도 그분이 원고를 보내보라고 메일을 주셔서 기도하면서 원고를 보냈습니다.

다음 날, 출판사에서 15일 후에 답변을 준다는 메일이 와서 기도하며 기다리기로 했는데 그날 오후에 모르는 번호로 전화가 왔습니다. 모르는 번호는 잘 받지 않지만 하나님께서 제게 전화를 받으라는 마음을 주셔서 전화를 받았습니다.

"규장출판사 여진구 대표입니다."

출판사의 대표님이 직접 연락을 주셔서 며칠 후 대표님을 만났습니다. 규장은 기도로 모든 것을 결정하는데 제 원고를 놓고 기도할 때 하나님께서 응답을 주시고, "이 목사님은 내게 속한 귀한 목사님이니 잘 대우해드리라"라고 말씀해주셨다는 것입니다. 그 말을 듣는데 마치 하나님께서 제게 말씀해주시는 것 같아서 얼마나 큰 위로를 받았는지 모릅니다.

'아, 하나님께서 나를 기억하고 계시는구나.'

그리고 규장출판사와 계약하게 되었습니다. 하나님은 언제나 하나를 구하면 두 개를 주십니다. 제가 구하는 것보다 더 좋은 것을 주시고, 가장 좋은 것을 주십니다.

믿음이 없이는 하나님을 기쁘시게 하지 못하나니 하나님께 나아가는 자는 반드시 그가 계신 것과 또한 그가 자기를 찾는 자들에게 상 주시는 이심을 믿어야 할지니라 히 11:6

기도가 이미 이루어졌다고 믿어라

열두 해 동안 혈루증을 앓았던 여인의 인생처럼 비참한 인생이 있을까요? 12년을 앓았다는 것은 이제는 나을 가망이 없다는 것입니다. 누구도 이 여인이 회복될 수 있다고 믿지 않았습니다. 그런데 예수님에 대한 소문을 듣고 이 여인의 마음에 믿음이 들어갑니다. 예수님의 옷깃에 손만 대어도 나을 거라는 믿음이었습니다. 그 믿음으로 여인이 예수님의 옷깃에 손을 대자 예수님이 뭐라고 하십니까?

"딸아 네 믿음이 너를 구원하였으니 평안히 가라 네 병에서 놓여 건강할지어다"(막 5:34).

하나님을 믿는 믿음이 기적을 일으켰다는 것입니다. 기적이 일어났으니 이제 건강하게 살라는 것입니다.

가나안의 이방 여인이 귀신 들린 딸을 고치기 위해 예수님께 왔지만 개 취급을 당하며 거절당합니다. 그래도 포기하지 않고 부스러기 은혜라도 달라고 하는 이 여인의 믿음을 예수님이 칭찬하십니다.

"네 믿음이 크구나. 네 믿음대로 될 거야"(마 15:28).

중풍에 걸려 혼자 걸을 수도 없는 친구를 들것에 실어 데려온 친구들에 대해 성경은 "그들의 믿음을 보시고"(눅 5:20)라고 기록합니다. 성경의 많은 기적의 현장에서 예수님은 "네 믿음이 너를 구원하였다"라고 말씀하십니다. 주님은 믿음을 보십니다.

> 그러므로 내가 너희에게 말하노니 무엇이든지 기도하고 구하는 것은 받은 줄로 믿으라 그리하면 너희에게 그대로 되리라
> 막 11:24

기도했다면 이미 이루어졌다고 믿으라는 것입니다. 그러면 그대로 된다는 것입니다. 성경은 기도하고 '계획을 세우면' 이뤄진다고 하지 않습니다. 기도하고 '열심히 노력하면' 이뤄진다고 하지 않습니다. 성경은 기도에 '믿음을 더하면' 이뤄진다고 말씀합니다.

> 믿음은 바라는 것들의 실상이요 히 11:1

우리가 바라는 것에 믿음을 더하면 실제가 된다는 것입니

다. 믿음이 중요하다는 것입니다. 하나님께서 믿음의 조상 아브라함에게 하늘의 별들을 보라고 하십니다.

"아브라함아 보이지? 네 자손이 저렇게 많아질 거야."

아브라함은 그 후로 밤하늘의 별을 볼 때마다 그때 들었던 음성이 생각났을 것입니다. 기도할 때마다 그 밤하늘의 수많은 별이 떠올랐을 것입니다. 믿음으로 바라본 것입니다. 이미 모든 것이 응답된 모습을 상상하며 믿음으로 기도한 것입니다. 믿음으로 바라보면 기적이 일어납니다.

> 너희 안에서 행하시는 이는 하나님이시니 자기의 기쁘신 뜻을 위하여 너희에게 소원을 두고 행하게 하시나니 빌 2:13

하나님은 우리 안에 소원함을 주시고 그 소원함을 통해 일하십니다. 하나님께서 주신 소원과 바람 위에 믿음을 더하십시오. 이미 이루어진 것처럼 믿으십시오. 상상하십시오.

기도한다는 것은 하나님의 기적을 믿는다는 것입니다. 기도가 어떻게 이루어질지 몰라도 괜찮습니다. 방법은 하나님의 영역입니다. 우리는 그저 믿음으로 구하고, 이미 기도가 응답되었다고 믿는 것으로 충분합니다.

믿음으로 미리 감사하라

이천 년 전에 믿음을 통해 수많은 기적과 은혜를 베푸신 주님은 지금 우리를 향해서도 믿음을 요구하십니다.

"네가 나를 믿느냐?"

우리는 그저 하나님께서 우리의 기도를 들으시고 이미 그 기도에 응답하셨다고 믿으면 됩니다. 이미 이루어진 것처럼 믿고 감사하는 것이죠.

"주님, 응답해주셔서 감사합니다. 고쳐주셔서 감사합니다. 채워주셔서 감사합니다."

예수님이 오병이어의 기적을 일으키기 위해 기도하실 때 먼저 감사의 기도를 드리십니다(막 6:41, 공동번역). 이미 하나님께서 이루셨음을 믿고 감사한 것이죠. 그리고 기적이 일어납니다. 어떻게 물고기 두 마리와 보리떡 다섯 개로 오천 명을 먹였는지, 언제 떡과 물고기가 불어났는지는 모릅니다. 중요한 것은 예수님은 이미 이루어주신 것을 믿고 감사 기도를 드렸고, 기적이 일어났다는 것입니다.

의사는 평생 병을 안고 살아야 한다고 했을지 몰라도 하나님은 더는 이렇게 살지 않아도 된다고 말씀하십니다. 아무리 통증이 심하고 고통스러워도 이미 하나님께서 나를 고쳐주셨다고 믿음으로 선포하시기 바랍니다. 아무리 노력해도 끊어지지 않던 중독의 사슬도 이미 하나님께서 끊으셨다고 믿으십시오. 빚더미에서 헤어 나올 방법이 전혀 보이지 않아도 이미 하나님께서 모든 빚을 갚았다고 믿고 감사하시기 바랍니다.

모든 꿈이 산산조각 난 것 같을지라도 하나님은 여전히 그 꿈을 이뤄가고 있다고 믿으십시오. 지금 당장 눈에 보이는 변화가 없어도 그래도 하나님께서 일하고 계시며 하나님의 은혜가 나를 감싸고 있다고 믿으십시오. 하나님을 믿는 믿음이 기적을 일으킵니다.

우리의 부족함 때문에 하나님의 역사가 제한받지 않습니다. 우리의 실수 때문에 하나님의 계획이 실패하지 않습니다. 내가 포기했다고 해서 하나님도 포기하신 것은 아닙니다. 하나님께서 뜻하신 것은 하나님께서 이루십니다. 하나님께는 모든 것이 가능합니다. 하나님께서 우리에게 가장 좋은 것을 주기 원하시고, 하나님께서 우리를 위해 최선을 다하고 계심을 믿어야 합니다. 그래서 저는 기도할 때 "주님 이렇게 해주세요"라고 기도하기도 하지만, "주님, 이렇게 해주실 줄 믿습니다. 주님 이렇게 해주셔서 감사합니다"라는 기도를 더 자주 합니다. 이 믿음의 기도를 주께서 기뻐하십니다.

지치지 말고 끝까지 기도하라

제 아내는 요리를 잘해서 제가 좋아하는 해산물 스파게티를 맛있게 만들어줍니다. 그러려면 면도 필요하고 신선한 게와 새우도 필요합니다. 달콤한 설탕도 필요하고 소금과 간장, 고춧가루와 청양고추도 필요합니다. 아무리 설탕이 달고 맛있어도 그것만으로는 요리가 되지 않습니다. 맛있는 요리를 하려면 짠 소금도 필요합니다. 한 꼬집의 소금만 빠져도 맛이 없어집니다. 모든 재료가 조화를 이룰 때 맛있는 요리가 완성되지요.

인생도 마찬가지입니다. 항상 설탕같이 달콤한 일만 있으면 좋겠지만 소금처럼 짜고 고춧가루처럼 매운 일들이 있습니다. 그러나 매운 고춧가루 한 스푼으로 인생을 평가해서는 안 됩니다. 짜디짠 소금 같은 일들 때문에 하나님을 원망하는 것은 너무 이릅니다. 달고 짜고 매운 이 모든 것이 합력하여 선을 이루게 하시는 하나님을 믿고 끝까지 기다려야 합니다.

하나님께서 완성되었다고 하실 때까지 낙심하지 말고 기다리십시오. 지금은 실패한 것처럼 보여도 때가 되면 상상하지 못했던 기막힌 맛을 내게 될 것입니다. 우리는 한 치 앞도 알 수 없지만, 인생을 인도하시는 분이 누구인지 압니다. 그분은 기도하는 자들에게 상을 주기 원하는 선하신 하나님이십니다. 어디로 튈지 모르는 인생의 여정에서도 불안해하지 않고 항상 기뻐할 수 있는 이유는 선하신 하나님께서 우리의 기도를 듣고 계신다고 믿기 때문입니다.

사람들이 종종 물어봅니다. 기도는 얼마나 해야 하나요? 몇 번을 기도해야 하나요? 답은 아주 간단합니다. 기도는 응답될 때까지 하는 것이고 몇 번이고 반복해서 하는 것입니다. 어떤 기도는 빨리 응답되기도 하고 어떤 기도는 오랜 시간이 필요합니다. 철저한 유교였던 저희 가정이 모든 제사를 폐하고 하나님을 예배하는 가정이 되기까지 20여 년이 걸렸습니다.

언제 응답될지, 몇 번을 기도해야 응답될지는 알 수 없습니다. 그러나 어제 씨앗을 심고 오늘 싹이 보이지 않는다고 씨앗을 파내는 사람은 없습니다. 엘리야도 일곱 번이나 반복해서 기도했고(왕상 18:43,44), 예수님도 세 번이나 반복해서 기도하셨습니다. 기도를 멈추지 않는다면 우리가 한 기도는 모두 응답될 것입니다.

내가 너희에게 말하노니 비록 벗 됨으로 인하여서는 일어나서 주지 아니할지라도 그 간청함을 인하여 일어나 그 요구대로 주리라 눅 11:8

여러분, 기도에 지치지 마십시오. 기도에 낙심하지 마십시오. 기도를 포기하지 마십시오. 오늘이 하나님께서 내 기도에 응답하시는 날이라는 믿음으로 기도하십시오. 기도할 때는 오직 한 가지만 생각하세요. 오늘 주님이 반드시 응답하신다!

기도를 도우시는 성령님을 의지하라

너무 힘들면 무엇을 기도해야 할지 모를 때가 있습니다. 아니, 기도해야 하는지조차도 모를 때가 있습니다. 그러나 그때 기도의 영이신 성령님이 우리를 위해서 기도하십니다. 그것도 말할 수 없는 탄식으로 기도하십니다. 말로 표현할 수 없는 탄식으로 애통해하며 우리를 위해 기도하십니다.

이와 같이 성령도 우리의 연약함을 도우시나니 우리는 마땅히 기도할 바를 알지 못하나 오직 성령이 말할 수 없는 탄식으로 우리를 위하여 친히 간구하시느니라 마음을 살피시는 이가 성령의 생각을 아시나니 이는 성령이 하나님의 뜻대로 성도를 위하여 간구하심이니라 롬 8:26,27

이 부분을 메시지 성경에서는 이렇게 번역했습니다.

어떻게 또 무엇을 기도해야 할지 몰라도 괜찮습니다. 그분이 우리 안에서, 우리를 위해, 우리의 기도를 하십니다. 할 말을 잃어버린 우리의 탄식, 우리의 아픈 신음소리를 기도로 만들어주시기 때문입니다.

누구보다 우리 마음을 잘 아시는 성령님이 우리의 탄식과 신음을 기도로 바꿔주십니다. 그러니 너무 힘들어 기도가 안 될 때, 어디서부터 기도를 시작해야 할지, 무엇을 위해 기도해야 할지조차 모를 때, 우리를 위해 기도하시는 성령님의 기도 소리를 들어야 합니다. 우리의 기도를 도우시는 성령님을 의지해야 합니다. 성령 하나님을 의지해 성자 예수님의 이름으로 성부 하나님께 기도하는 것입니다.

오래전 일산의 한 교회에서 사역할 때, 새벽예배가 끝나면 전도사님과 함께 봉고차로 성도님들을 모셔다드렸습니다. 그런데 어느 날 새벽, 기도를 마치려 해도 계속 입에서 방언기도가 나와서 도저히 멈출 수가 없었습니다. 그래서 전도사님에게 양해를 구하여 전도사님 혼자 차량 운행을 하고 저는 한 시간 정도를 더 기도했는데 갑자기 전화가 왔습니다. 전도사님이 돌아오는 길에 차 사고가 났다는 것입니다.

바로 현장으로 갔는데 차를 보고 소름이 돋았습니다. 저는 항상 조수석에 앉았는데 그 조수석으로 가로등을 들이받아 조수석이 뒷자리까지 밀려 들어갔습니다(이 사고로 차량은 폐차되었습니다). 아무것도 모르는 저를 살리려고 성령님이 그 새벽에 기도를 멈추지 못하게 하신 것입니다.

무엇을 기도해야 할지 모를 때가 참 많습니다. 한 치 앞도 모르는 것이 우리입니다. 그러나 우리의 모든 것을 아시는 성령님이 우리를 위해 말할 수 없는 탄식으로 기도하며 도와주십니다. 저는 여러분이 고난의 시간 속에 있을 때 여러분을 대신해서 말로 표현할 수 없는 안타까움을 가지고 기도하시는 성령님의 기도 소리를 듣게 되기를 축복합니다.

기도의 주도권은 성령님께 있다

보혜사 곧 아버지께서 내 이름으로 보내실 성령 그가 너희에
게 모든 것을 가르치고 내가 너희에게 말한 모든 것을 생각나
게 하리라 요 14:26

하나님의 음성을 듣는 방법은 다양한데 성령님은 생각을 통해 말씀하기도 하십니다. 어느 날 새벽에 기도하는데 성령님이 생각으로 제게 말을 걸어오셨습니다.

"장 목사야, 너 산이 좋지?"

"예, 주님. 산이 너무 좋아요. 감사해요."

그러자 주님은 이렇게 말씀해주셨습니다.

"장 목사야, 나도 네가 그렇게 좋아."

주님의 그 음성을 듣고 새벽에 얼마나 울었는지 모릅니다. 하나님께서 나를 이렇게 사랑하시는구나 하는 마음에 더 이상 다른 기도가 나오질 않았습니다. 그저 감사하고, 찬양하고, 사랑한다는 고백밖에는 드릴 수가 없었습니다. 이것이 기도의 목적지입니다. 성령님이 인도하시는 기도의 목적지는 내 기도에 응답해주신 그 하나님을 만나는 것입니다. 기도를 응답하신 하나님을 만난 기쁨은 기도가 응답된 기쁨보다 훨씬 더 큰 기쁨입니다.

성령님은 기도의 영이십니다. 성령님이 우리를 위해 기도

하시며 우리의 기도를 돕고 이끌어주십니다. 성령님이 하나님을 찬양하게 하시고 하나님을 향한 사랑을 고백하게 하십니다. 성령님이 하나님과 개인적이고도 친밀한 교제를 누리게 하시고, 하나님의 사랑 안에서 온전히 하나 되게 하십니다. 성령님이 하나님의 사랑을 알게 하시고, 하나님을 알게 하십니다. 성령님이 우리의 기도를 완성해 가시고, 기도를 통해 우리를 완성해 가십니다.

기도의 주도권은 성령님께 있습니다. 기도의 주체는 내가 아니라 성령님이시므로 나의 부족함은 기도에 전혀 문제가 되지 않습니다. 성령님이 우리의 기도를 인도해 가시니 우리는 이렇게 기도하면 됩니다.

"성령님, 이 시간 저의 마음과 저의 입술과 저의 영혼을 다스려주시옵소서."

성령님이 인도하시는 풍성한 기도의 은혜를 경험하기를 간절히 축복합니다.

기도를
따라 하자

PART
2

chapter 1

상처받은 마음을 치유하는 기도

상처 치유 기도

"사랑하는 아들아, 사랑하는 딸아,

내가 너의 작은 신음에 귀 기울이고 있단다.

내가 너의 모든 죄를 용서하고,

내가 너의 모든 필요를 채워주고,

너를 공격하는 모든 원수로부터 내가 너를 지켜줄 거야.

너는 언제든지 나를 부르기만 하면 된단다.

네 삶이 궁핍할 때,

네 영혼이 곤고할 때,

네 마음이 두려울 때,

그때 내 이름을 불러. '아빠, 아빠' 하고 말이야.

그러면 내가 너에게 달려가서 너의 기도에 응답할 거야."

하나님 아버지,

이 시간 저의 아픈 마음을 가지고 나아갑니다.

예수님, 이 시간 제게 찾아와

"네가 낫고자 하느냐" 물으실 때

주님, 제가 변명하지 않겠습니다.

"예, 주님. 저를 고쳐주옵소서."

이 시간 겸손하게 엎드립니다.

사마리아 여인의 깊은 한숨을

기쁨의 노래로 바꾸신 주님이

오늘 저의 깊은 한숨도 고쳐주실 줄 믿습니다.

하나님 아버지,

오랫동안 해결되지 못한 깊은 죄책감을 가지고

살아가는 자들이 있습니다.

용서받지 못할 거라는 마음으로 평생을 살아왔습니다.

이 시간 예수님이 십자가를 통해

저의 모든 죄를 이미 완벽하게 용서하셨다는 사실이

믿어지게 하시고,

마음과 생각을 묶고 있는 모든 죄책감의 사슬이

풀어지게 하시고,

영혼의 진정한 자유를 얻게 하여주시옵소서.

하나님, 전 아직 저 자신을 용서할 수 없습니다.

저를 용서해주시고

제가 저 자신을 용서할 수 있도록 도와주세요.

아버지 하나님,

늘 다른 사람과 비교하면서

깊은 열등감에 사로잡혀 살아가는

당신의 아들딸들이 있습니다.

끊임없이 자신을 비난하고 정죄했던

마음의 소리를 멈추게 하시고,

"너는 내 사랑하는 아들이요 내 기뻐하는 자라,

너는 내 사랑하는 딸이요 나의 기쁨이라"

말씀하시는 하나님의 음성이

매일 매일 가슴에서 울려 퍼지게 하여주시옵소서.

우리를 아무 조건 없이 있는 모습 그대로 받아주시고,

저의 연약함까지도 다 아시며 사랑하신 하나님의 사랑이

지식으로 아는 것을 넘어서서

마음 깊은 곳에서부터 믿어지게 해주시옵소서.

예수님이 아무 조건 없이 저를 사랑하셨듯

저도 저를 아무 조건 없이 사랑하겠습니다.

솔직한 내 모습, 진짜 내 모습,

누구를 위한, 무엇을 위한 내가 아니라

그냥 있는 그대로의 나로 살아가겠습니다.

나의 성격, 나의 외모, 나의 재능과 상관없이

제가 얼마나 특별한 존재인지 알고,

모든 가식적인 모습을 내려놓겠습니다.

그냥 있는 그대로의 나를 사랑하겠습니다.

반드시 잘해야 한다는 압박감도 내려놓겠습니다.

결코 완벽할 수 없다는 것을 인정하겠습니다.

지금 이대로 충분히 사랑스럽다는 것을 기억하며

더 이상 사람들의 눈치 보지 않겠습니다.

사람들이 원하는 대로 살지 않겠습니다.

하나님께서 지으신 나로 살아가겠습니다.

주님, 도와주시옵소서.

아버지, 제 마음 한구석에

사람들이 나를 떠나면 어떻게 하나,

사람들이 나를 싫어하면 어떻게 하나,

늘 가슴 졸이며 살아왔습니다.

많은 사람과 함께 있지만,

혼자 있을 때는 마음이 너무 외롭습니다.

텅 비어 있는 것 같은 저의 마음을

주님, 만져주시옵소서.

"내가 결코 너를 떠나지 아니하며,
 너를 버리지 아니하리라" 하신
하나님의 말씀을 기억합니다.
이제부터 날마다 나와 동행하시는
주님의 손 꼭 붙잡고 살아가겠습니다.
그뿐 아니라, 나의 마음을 솔직하게 나눌 수 있는
진실한 친구를 만나는 복을 내려주시옵소서.

사랑하는 주님,
여러 가지 폭력과 학대로
마음에 깊은 상처를 입은 자들이 있습니다.
어떤 말로도 저들의 마음을 위로할 수 없습니다.
하나님께서 저들의 상한 마음을 만져주시옵소서.
성령 하나님께서 이 시간 터치하여주시옵소서.

"내가 너의 억울한 마음을 다 안단다.
 내가 다 보았단다.
 너를 축복하는 자를 내가 축복하고,
 너를 저주하는 자를 내가 저주할 거야.
 내가 너의 원수를 갚아주고,
 공의로운 나 하나님이 너를 대신해 심판할 거야.
 내가 너의 모든 억울함을 풀어줄 거야."

지금 말씀하시는 하나님의 음성이

저들의 영혼 깊은 상처에 닿게 하여주시옵소서.

반드시 하나님께서 저를 대신해서 싸워주시고,

저의 억울함을 풀어주시고,

모든 원수를 갚아주실 것을 믿습니다.

"수고하고 무거운 짐 진 자들이 다 내게로 오라

 내가 너희를 쉬게 하리라" 하신 주님,

 인생의 무거운 짐을 지고 지쳐버린

 사랑하는 당신의 자녀들이 있습니다.

 지친 저들의 마음에 우리 주님이

 쉼이 되어주시고 안식이 되어주시옵소서.

이 시간 모든 무거운 마음을 내려놓습니다.

온전히 주께 맡겨드립니다.

주님 받아주시옵소서.

아버지의 넓은 품에 안겨

주님이 들려주시는 따뜻한 위로와 사랑의 음성으로

새 힘을 얻게 해주시옵소서.

저들 안에 있는 모든 무기력한 마음이

예수의 이름으로 떠나가게 하시고,

모든 것을 포기하고 싶은 마음도
예수의 이름으로 떠나가게 하시고,
죽고 싶은 생각도 예수의 이름으로
깨끗하게 떠나가게 하여주시옵소서.

하나님 아버지,
두려움에 사로잡혀 꼼짝도 못 하는 자들이 있다면,
이 시간 다시 일어설 용기를 주시옵소서.
우리를 좌절하게 했던
모든 과거의 기억을 잊게 하시고,
다시 소망의 주님을 바라보게 해주시옵소서.
평안을 주시옵소서.
담대함을 주시옵소서.
의연함을 주시옵소서.

두려워 말라 내가 너와 함께함이라
놀라지 말라 나는 네 하나님이 됨이라
내가 너를 굳세게 하리라
참으로 너를 도와주리라
참으로 나의 의로운 오른손으로 너를 붙들리라
이사야서 41장 10절

주님,

이제 자기연민에 빠져 있지 않겠습니다.

능력의 주님이 저와 함께하신다는

확신을 품고 살아가겠습니다.

하나님께서 주신 담대함이

마음 깊은 곳에서부터 용솟음쳐 올라옴을 느끼며

대범하게 살아가겠습니다.

당당하게 살아가겠습니다.

주여 도와주시옵소서.

"아들아, 딸아, 내가 너의 아픔을 안다.

네가 얼마나 부끄러웠고,

네가 얼마나 고통스러웠고,

네가 얼마나 두려웠는지 내가 다 안다"

말씀해주시는 주님의 음성이

이 시간 생생하게 들려오게 하시고,

우리의 모든 눈물을 닦아주시고,

더 이상 아픈 과거에 얽매이지 않도록

주님 도와주시옵소서.

모든 슬픈 기억을 떠나보낼 수 있는

믿음과 용기를 주시옵소서.

이 시간 예수님의 이름을 부를 때

우리를 막아선 원수들이 쫓겨 나갈 줄 믿습니다.

모든 어둠의 영이 떠나감을 믿습니다.

모든 상처가 깨끗하게 치유되었음을 믿습니다.

하나님, 이제 더 이상 과거의 상처를 붙들고

원망하며 살지 않겠습니다.

제가 어떤 아픔과 상처를 지녔을지라도

변함없이 하나님께서 저를 사랑하시고

변함없이 저를 통해 놀라운 일을 행하실 것을 믿습니다.

저를 힘들고 아프게 했던 모든 사람을

그 주님을 신뢰함으로 용서하겠습니다.

주님 도와주시옵소서.

살아계신 주님,

이제 상처받은 나는 죽었습니다.

연약한 나는 죽었습니다.

두려워하는 나는 죽었습니다.

열등감 많은 나는 죽었습니다.

이제 강하신 주님이 제 안에 사십니다.

담대한 주님이 제 안에 사십니다.

죽음을 이기신 주님이 제 안에 사십니다.

이제 나는 죽고 예수로 살겠습니다.

제 마음을 예수님으로 가득 채워주시니

주님 감사합니다.

모든 염려와 근심 걱정이 사라지고,

하늘의 위로와 소망이 넘치게 하시니 감사합니다.

하늘의 문을 열어주시고,

풍성하신 주님의 사랑과 주님의 은혜로

제 영혼을 가득 채워주시니 감사합니다.

찬양의 입술이 열리게 하시고,

기도의 영을 부어주시니 감사합니다.

다시 감사를 회복시켜 주시고,

기쁨을 되찾아 주시니 감사합니다.

다시 사랑하며 살아갈 용기를 주시니 감사합니다.

이제 나를 사랑하신 주님과 함께

새로운 삶을 살아가겠습니다.

주님 감사합니다.

주님 감사합니다.

주님 감사합니다.

우리의 치료자 되시는

예수님의 이름으로 기도드립니다.

아멘.

chapter 2

질병의 치유를 위한 기도*

질병 치유 기도

저 사람이 저렇게 된 것이 누구 때문이냐고 물었을 때

저 사람의 죄 때문도 아니고,

저 사람 부모의 죄 때문도 아니라고 하신 예수님이

오늘 육신의 고통으로 힘겨워하면서

동시에 죄책감으로 마음이 눌려 있는 자들을 향해

"네 잘못이 아니야. 너는 하나님의 영광을 드러낼 자야"

이렇게 말씀하신 줄 믿습니다.

살아계신 주님,

오늘도 질병으로 고통 가운데 하나님 앞에 엎드린

사랑하는 당신의 아들딸들이 있습니다.

기도할 기력조차 잃어버린 채

병상에 누워있는 자들이 있습니다.

---

* 아픈 곳이나 가슴에 손을 얹고 기도합니다.

이 시간 외로움과 두려움 속에 병마와 싸우고 있는
당신의 사랑하는 아들딸들을
주여, 불쌍히 여겨주시고,
지금 이 시간 치료의 은혜를 내려주옵소서.

하나님, 이 시간 기도할 때
먼저 우리의 생각이 변화되고,
하나님을 믿는 믿음이 변화되고,
우리의 기도가 변화되고,
우리의 영이 새로워지게 해주시옵소서.
우리를 찾아와 만나주시고, 치료하시고, 회복시키시는
놀라우신 주님의 역사가 지금 일어날 줄 믿습니다.
기적이 일어날 줄로 믿습니다.
주님, 고쳐주시옵소서.
모든 질병이 떠나가게 해주시옵소서.

우리는 약하지만 하나님은 강하십니다.
우리는 부족하지만 하나님께는 부족함이 없으십니다.
이 시간, 닫힌 우리 마음의 문을 열어주시고,
하늘 문을 열어주시사
놀라우신 하나님의 임재로 가득 채워주시옵소서.
오늘 주님이 일하실 것을 기대합니다.

주님의 역사하심을 기대합니다.

우리의 기도에 응답하실 하나님을 기대합니다.

회당장 야이로의 딸을 고쳐주신 주님,

과부의 아들을 살려주신 주님,

친구들의 손에 들려온 중풍 병자를 고쳐주신 주님.

이 시간 사랑하는 당신의 아들딸들을 고쳐주시옵소서.

치료해주시옵소서.

주님, 살려주시옵소서.

오 주님,

예수 그리스도의 이름에 능력이 있는 줄로 믿습니다.

이 시간 예수 그리스도의 이름으로 선포할 때

우리를 묶고 있는 모든 두려움이 떠나가고,

낙심하게 하는 모든 어둠의 영이 떠나가고,

절망이 떠나가게 하여주시옵소서.

이 시간 나사렛 예수의 이름으로 명하노니

우리를 고통스럽게 하는 모든 질병은 깨끗이 치료될지어다.

나사렛 예수의 이름으로 명하노니

모든 염증은 사라지고,

모든 뼈 마디마디마다 제자리로 돌아가고,

모든 세포가 깨끗하게 회복될지어다.

모든 통증은 사라질지어다.

이 시간 머리끝에서 발끝까지

하나님의 강력한 치유의 빛을 비춰주옵소서.

치유의 빛이 우리의 온몸을 관통할 때

기적이 일어날 줄 믿습니다.

치유가 일어날 줄 믿습니다.

다시 일어서게 하시고,

다시 걷게 하시고,

다시 뛰게 하시고,

다시 하나님을 찬양하게 될 줄로 믿습니다.

주님, 치료의 빛을 비춰주시옵소서.

치유의 기름을 부어주시옵소서.

성령님, 이 시간 다스려주시옵소서.

생명의 영으로 다스려주시옵소서.

살리는 영으로 다스려주시옵소서.

우리 하나님은 살리는 영이십니다.

부활의 영이십니다.

생명의 영이십니다.

치유의 영이십니다.

하나님의 영으로 우리를 충만하게 하여주시옵소서.

이 시간 믿음으로 손을 얹은 곳마다

하나님께서 강력하게 터치하실 줄로 믿습니다.

우리 주님의 거룩한 보혈로 덮어주실 때

우리 안에 있는 모든 질병이 떠나가고,

깨끗하게 치유함을 받게 될 줄 믿습니다.

성령님, 이 시간 임하셔서 만져주시옵소서.

주님 사랑의 손길이 느껴지게 해주시옵소서.

주님 능력의 손길이 느껴지게 해주시옵소서.

주님 치유의 손길이 느껴지게 해주시옵소서.

머리끝부터 발끝까지 치료의 하나님께서

임하여주옵소서.

다스려주옵소서.

만져주옵소서.

주님이 치유하신다는 믿음이 솟아나게 해주시옵소서.

믿음이 확신으로 바뀌게 하여주시옵소서.

마음 깊은 곳에서부터

강력한 믿음이 솟아나게 해주시옵소서.

이 시간 온몸의 구석구석 피가 잘 흐르게 하시고,

머리가 맑아지게 해주시옵소서.

죽어 있는 모든 신경이 살아나게 해주시옵소서.

기능을 잃어버린 모든 근육이 다시 힘을 얻게 해주옵소서.

막혀 있는 곳이 뚫리게 해주시옵소서.

굳어 있는 것이 풀리게 해주시옵소서.

십자가의 보혈로 깨끗하게 나음을 얻게 해주시옵소서.

호흡이 돌아오게 하시고,

걸을 수 없던 자들이 걷게 하시고,

침상을 걷고 일상의 자리로 다시 돌아가게 해주시옵소서.

머리, 목, 어깨, 가슴 배, 허리, 팔, 다리,

몸의 모든 기능이 정상으로 돌아올지어다.

모든 암 덩어리는 흔적도 없이 소멸될지어다.

사라질지어다. 깨끗해질지어다.

어떤 바이러스의 공격도 견뎌낼 수 있도록

몸의 면역력이 쑥쑥 올라갈지어다.

> 그가 찔림은 우리의 허물을 인함이요
>
> 그가 상함은 우리의 죄악을 인함이라
>
> 그가 징계를 받음으로 우리가 평화를 누리고
>
> 그가 채찍에 맞음으로 우리가 나음을 입었도다
>
> 이사야서 53장 5절

치료의 하나님께서

이 시간, 저들의 환부에 안수하여주심을 믿습니다.

모든 질병이 깨끗하게 치유되게 하심을 믿습니다.

믿음으로 모든 걱정이 사라지게 하시고,

하늘로부터 오는 평강으로

저들의 마음을 사로잡아 주시옵소서.

놀라운 평안을 주시옵소서.

나음을 얻게 해주시옵소서.

우울증과 공황장애,

또 여러 가지 마음의 병으로

힘겨워하는 성도들이 있습니다.

모든 마음의 병도 깨끗이 낫게 해주시옵소서.

정신적인 질병도 고쳐주시옵소서.

회복시켜 주시옵소서.

주님 고쳐주옵소서.

주님 고쳐주옵소서.

주님 고쳐주옵소서.

아버지의 영광으로 임하여주시옵소서.

이제 매일매일 점점 더 좋아질 줄로 믿습니다.

시간이 갈수록 점점 더 건강하게 될 줄로 믿습니다.

주님,

제가 깨끗하게 치유되었음을 믿습니다.

이 시간 모든 질병으로부터 자유케 하셨음을 믿습니다.

이 시간 주께서 고쳐주심을 믿고 감사드립니다.

고쳐주셔서 감사합니다.

주님 고쳐주셔서 감사합니다.

주님 깨끗하게 고쳐주셔서 감사합니다.

치료하신 하나님을 찬양합니다.

우리의 치료자 되시는

예수님의 이름으로 기도드립니다.

아멘.

chapter 3

회개기도

혹 내가 하늘을 닫고 비를 내리지 아니하거나

혹 메뚜기들에게 토산을 먹게 하거나

혹 전염병이 내 백성 가운데에 유행하게 할 때에

내 이름으로 일컫는 내 백성이

그들의 악한 길에서 떠나

스스로 낮추고 기도하여 내 얼굴을 찾으면

내가 하늘에서 듣고 그들의 죄를 사하고 그들의 땅을 고칠지라

역대하 7장 13,14절

살아계신 하나님.

주님의 긍휼과 주님의 자비를 구하며 엎드립니다.

이 시간 죄에 대해 무뎌진 가슴을 다시 회복시켜 주시고,

말라버린 참회의 눈물을 다시 회복시켜 주시고,

거짓과 속임으로 가득 찬 우리의 입술에

진실한 기도를 회복시켜 주시옵소서.

애통하는 마음과 자복하는 마음과 통회하는 마음을

다시 회복시켜 주시고,

삶을 고치는 진정한 회개가 일어나게 해주시옵소서.

살아계신 주님,

하나님을 주인으로 삼기보다

돈을 주인으로 삼고,

권력을 주인으로 삼고,

쾌락을 주인으로 삼고 살았습니다.

내가 내 삶의 주인이 되어

나의 만족과 나의 유익을 위해서 살아왔습니다.

주님, 용서하여주시옵소서.

이제 영적인 간음을 멈추겠습니다.

돈이라는 신, 성공이라는 신, 쾌락이라는 신에게

더 이상 마음을 빼앗기지 않겠습니다.

모든 우상을 제거하겠습니다.

주님, 도와주시옵소서.

살아계신 주님,

그동안 내가 원하는 하나님을 만들어 내고,

내가 원하는 하나님을 섬겼던 죄를 회개합니다.

이제 내가 원하는 모양으로 만들어 낸 하나님이 아니라,
있는 그대로의 하나님을 섬기겠습니다.
말씀으로 계시된 하나님을 섬기겠습니다.

하나님 아버지,
나의 부도덕함과 나의 이기심과 나의 욕심으로
얼마나 하나님의 이름을 모욕당하게 했는지 모릅니다.
하나님의 이름을 높이기보다
나의 이름을 드러내기 위해 살아온 제 삶을 회개합니다.

먹든지 마시든지 무엇을 하든지
하나님의 영광을 위하여 살아가겠습니다.
하나님의 이름을 위하여 의의 길을 걸어가겠습니다.
주여, 인도하여주시옵소서.

하나님 아버지,
예배당에서만 하나님을 기억하고
정작 제 삶의 자리에서는 하나님을 잊고 살았습니다.
내가 하나님인 것처럼 생각하며
내가 노력하기만 하면 다 된다는 생각으로 살았습니다.
하나님을 예배하기보다
내 감정과 내 기분을 예배하며 살았습니다.

주님, 예배를 무너뜨린 죄를 회개합니다.

용서하여주시옵소서.

이제 하나님을 기억하며 살아가겠습니다.

하나님을 경외하며 살아가겠습니다.

신령과 진정을 다해 예배하며 살아가겠습니다.

주님, 도와주시옵소서.

하나님 아버지,

가정을 지키지 못한 죄를 회개합니다.

아내를 위해 죽지 못한 죄를 회개합니다.

남편에게 순종하지 못한 죄를 회개합니다.

자녀의 마음에 억울함과 분노를 심었던 죄를 회개합니다.

부모님을 공경하지 못했던 죄를 회개합니다.

주님, 다시 가정을 세우는 데 힘쓰겠습니다.

남편의 자리로 돌아가겠습니다.

아내의 자리로 돌아가겠습니다.

아버지와 어머니의 자리로 돌아가겠습니다.

부모님의 권위를 인정하겠습니다.

부모님을 존경하겠습니다.

존경받는 부모가 되겠습니다.

주여, 우리 가정에 은혜를 베풀어 주시옵소서.

하나님 아버지,

이 땅에 수많은 폭력이 난무합니다.

나보다 약하다는 이유로 얼마나 사람을 무시하고,

우습게 여기고, 함부로 대했는지 모릅니다.

말과 글과 행동으로

천하보다 귀한 사람들을 얼마나 많이 죽였는지 모릅니다.

주님, 우리의 죄악을 용서하여주시옵소서.

이제 죽이는 말이 아니라, 살리는 말을 하며 살겠습니다.

죽이는 글이 아니라, 살리는 글을 쓰며 살겠습니다.

나로 인해 상처받는 사람이 없도록 조심하며 살겠습니다.

주여, 도와주시옵소서.

자비로우신 아버지 하나님,

결혼 전에 성관계를 맺은 죄를 회개합니다.

남편과 아내를 버리고

다른 사람과 성관계를 즐긴 죄를 회개합니다.

다양한 성 정체성을 지지하고,

또 방관했던 죄를 회개합니다.

하나님께서 창조하신 아름다운 성윤리를
파괴한 죄를 회개합니다.

다시 이 땅에 하나님께서 창조하신
아름다운 성 문화를 회복하는 데 힘쓰겠습니다.
우리의 성생활이 생명을 살리고 가정을 살리는
거룩한 성생활이 되게 하겠습니다.
주님, 지혜와 용기와 사랑을 주시옵소서.

긍휼이 풍성하신 하나님 아버지,
다른 사람의 수고와 노력이 담긴 것들을
정당한 대가 없이 사용하고,
마땅히 지불해야 할 값을 지불하지 않은 채
마치 내 것인 양 사용했던 죄를 회개합니다.
남의 것을 훔치고도
훔쳤다는 생각조차 하지 않고 살았던
우리의 완악함을 회개합니다.
주님, 용서하여주시옵소서.

은혜로우신 하나님,
우리는 확인되지도 않은 이야기를 마치 사실인 양
다른 사람들에게 전하고 퍼뜨리는 죄를 지었습니다.

'아니면 말고'라는 식으로

다른 사람에 관한 이야기를

너무 쉽게 하며 살았습니다.

보이지 않는 곳에서 얼마나 많은 사람을

험담하고, 과장해서 말했는지 모릅니다.

내게 유리한 부분만 골라서 이야기하고

내게 불리한 부분은 전혀 이야기하지 않으면서

의도적으로 다른 사람들을 나쁜 사람으로 만들었습니다.

복음을 전하는 것은 그렇게 조심스러워하면서도

가짜뉴스를 전하는 데는 얼마나 열심을 냈는지 모릅니다.

주님, 저의 죄를 용서하여주시옵소서.

이제 많은 말을 하며 살기보다

따뜻한 말, 바른말을 하며 살겠습니다.

정직하고 진실하고 아름다운 말을 하며 살겠습니다.

주님, 도와주시옵소서.

하나님 아버지,

탐욕에 눈이 멀어 다른 사람이 가져가야 할 것을

내 몫으로 챙긴 죄를 회개합니다.

끊임없이 다른 사람들과 비교하고,

다른 사람들을 부러워하며 살았던 삶을 회개합니다.

이제 하나님께서 베푸신 것에 자족하는 삶을 살겠습니다.

이만하면 충분하다는 마음으로 살겠습니다.

감사하는 마음으로 살겠습니다.

주여, 저를 긍휼히 여겨 주시옵소서.

사랑하는 주님,

이 땅 가운데 하나님을 경외하는 마음이

더 커지게 해주시옵소서.

이 민족이 더 진실하게 이웃을 사랑하며

살아가게 해주시옵소서.

하나님의 교회가 매일 매일 사랑의 주님을

더 닮아가게 해주시옵소서.

그리하여 이 땅 가운데

다시 한번 부흥이 임하게 하여주시옵소서.

우리의 모든 죄를 용서하시기 위해 십자가에 달리신

예수님의 이름으로 기도드립니다.

아멘.

하나님을 찬양하는 기도

내 영혼아 하나님을 찬양하라.

머리부터 발끝까지 그분의 거룩하신 이름을 찬양하라.

내 영혼아 하나님을 찬양하고,

그분께서 주신 복을 하나도 잊지 말아라.

주님,

우리에게 베푸신 구원의 놀라운 은혜를 기억하며

오늘도 감사와 찬양을 올려드립니다.

언제나 하나님이 나의 만족 되십니다.

주님께만 진정한 기쁨이 있습니다.

주님, 제가 다른 것에서 기쁨을 찾지 않겠습니다.

다른 것에서 만족을 구하지 않겠습니다.

주님이면 충분합니다.

이 시간 나의 모든 것 되신 주님을 찬양합니다.

다른 어떤 피조물도 의지하지 않으시고
스스로 계신 창조주 하나님을 찬양합니다.
언제나 변함이 없이 그 자리에 계시며,
저를 향한 하나님의 놀라운 목적을 반드시 이루시며,
제게 주신 약속을 반드시 지키시는
변함없으신 하나님을 찬양합니다.

눈으로 볼 수 없어도 언제나 저와 함께하시고,
손으로 만질 수 없어도 여전히 저와 함께하시는
살아계신 하나님을 찬양합니다.

조금도 부족함이 없으신 완전하신 하나님을 찬양합니다.
처음과 나중 되시며, 어제도 계셨고 지금도 계시는
영원하신 하나님을 찬양합니다.
하늘 끝에도 계시고, 바다 끝에도 거하시며,
제가 서 있는 곳이 어디든지 늘 함께 계시는
하나님을 찬양합니다.

그 어떤 제한도 받지 않고 뜻하신 모든 일을 이루시는
전능하신 하나님을 찬양합니다.
모든 역사를 주관하고 다스리고 섭리하시는
하나님을 찬양합니다.

저의 머리카락까지도 다 세시며,

저의 앉고 일어섬을 다 아시고,

저의 슬픔과 저의 아픔과 저의 지난날의 모든 순간을

다 아시는 하나님을 찬양합니다.

고통 가운데 있는 당신의 자녀들을 긍휼히 여겨주시는

자비로우신 하나님을 찬양합니다.

단 한 줌의 죄도 용납하지 않으시는

거룩하신 하나님을 찬양합니다.

모든 어그러진 것을 화평케 하시는

평화의 왕을 찬양합니다.

자신의 모든 것을 내어 주실 뿐만 아니라,

독생자 외아들을 내어 주시기까지

우리를 사랑하신 사랑의 하나님을 찬양합니다.

악한 생각은 전혀 할 줄 모르며

언제나 선한 생각과 선한 계획으로 우리 삶을 인도하시는

선하신 주님을 찬양합니다.

그 어떤 제한도 받지 않고 완벽한 자유를 누리고 계시며

또 우리에게 자유를 주신 주님을 찬양합니다.

언제나 최고의 선택이 무엇인지 아시는
지혜로우신 하나님을 찬양합니다.
제게 언제나 진실만을 말씀하시는
진리 되신 하나님을 찬양합니다.
불법을 행하지 않으시고,
언제나 바른길을 걸으시고,
의로운 선택을 하시는
의로우신 주님을 찬양합니다.

그 크신 하나님께서 지극히 작은 나를 두고
질투하기까지 사랑하시니
하나님을 찬양합니다.
날마다 우리에게 놀라운 축복을 내려주시는
복의 근원 되신 주님을 찬양합니다.

아름답고 영화롭고 영광스러우신 주님을 찬양합니다.
은혜롭고 자비롭고 노하기를 더디 하시는
주님을 찬양합니다.
온유하고 겸손하고 너그러우신 주님을 찬양합니다.

지금도 살아계시며 저의 아버지가 되시는
주님을 찬양합니다.

언제나 우리와 인격적인 교제를 나누시는
영이신 하나님을 찬양합니다.
나의 유일한 소망이 되신 주님을 찬양합니다.
연약하고 부족한 저를 향해 오래 참으시는
주님을 찬양합니다.
죄인 된 나를 정죄하지 않으시고,
있는 모습 그대로 용납하고 용서해주신
주님을 찬양합니다.
저의 괴로움과 저의 즐거움과
저의 억울함과 저의 기쁨을 다 아시는 하나님,
제 마음을 다 아시는 하나님을 찬양합니다.

저를 끝까지 포기하지 않으시고,
세상 사람들이 다 나를 버릴지라도
결코 저를 버리지도 떠나지도 않으시는
주님을 찬양합니다.
언제나 저를 바라보며 즐거워하시고,
저로 인해 기뻐 춤추시는 주님을 찬양합니다.

위엄과 권위가 있으심에도
저를 협박하지 않고 인격적으로 대해주시는
하나님을 찬양합니다.

원수의 공격 앞에서 제 편이 되어

저를 지켜주시고 저를 대신해 싸워주시는

하나님을 찬양합니다.

언제나 넓은 마음으로 저를 받아주시는

주님을 찬양합니다.

가장 좋은 것으로 제 삶을 채워주시는

하나님을 찬양합니다.

나의 피난처가 되시며 나의 안식처가 되시는

하나님을 찬양합니다.

나의 작은 것 하나까지도 잊지 않고

칭찬하고 격려해주시는 하나님을 찬양합니다.

어떤 상황에서도 제 이야기를 끝까지 들어주시고

제 마음에 공감해주시는 주님을 찬양합니다.

제가 넘어져 있을 때,

제가 지쳐 있을 때,

제가 주님을 등졌을 때조차

언제나 제게 먼저 찾아오시는 주님을 찬양합니다.

어떤 편견도 없이 저를 바라봐주시고,

매일 드리는 기도지만 마치 처음 듣는 것처럼

언제나 저의 기도를 집중해서 들어주시는
하나님을 찬양합니다.
순결하고 거룩하고 존귀하신 하나님을 찬양합니다.
엄위하고 위엄이 있으며 높으신 주님을 찬양합니다.
우리의 모든 상처와 아픈 과거를 치유하시는
하나님을 찬양합니다.
실수가 없으신 하나님,
실망시키지 않으시는 하나님을 찬양합니다.
날마다 우리를 승리케 하신 하나님을 찬양합니다.

왕이신 하나님, 높임을 받아주시옵소서.
우리의 경배와 찬양과 예배를 받아주시옵소서.
주님만 우리 가운데 홀로 높임을 받아주시옵소서.
저의 온 마음과 뜻과 정성을 다해
주님만을 사랑하고 주님만을 높여드립니다.
할렐루야.

우리의 찬양을 받으시기에 합당하신
예수님의 이름으로 기도드립니다.
아멘.

chapter 5

고난을 이기는 기도

고난을 이기는 기도

죄인 된 우리를 사랑하셔서 아들을 내어 주시고,

십자가에 달려 돌아가심으로 우리의 모든 죄를 사하시고,

죽음을 이기고 부활하셔서

오늘도 성령으로 우리와 함께하시며

우리의 삶을 다스리시는 주님.

주님의 은혜가 없이는 단 하루도 살 수 없습니다.

주님의 은혜가 우리의 모든 것을 바꿔 놓았습니다.

그 은혜가 저를 이곳까지 인도하였음을 고백합니다.

은혜로우신 주님.

오늘도 기도 가운데 우리의 생각이 변화되고,

하나님을 믿는 믿음이 변화되고,

기도의 입술이 변화되고,

내면이 변화되고,

우리 영이 새로워지는 은혜의 시간이 되게 해주시옵소서.

막혀 있던 삶의 문이 열리게 하시고,
병든 자들이 기도하는 가운데
주님의 터치를 경험하며
십자가의 보혈로 깨끗하게 나음을 얻게 하여주시옵소서.

상한 마음을 가진 자들에게
감당할 수 없는 기쁨을 부어주시옵소서.
경제적인 고통 가운데 있는 자들에게
풍성한 물질의 은혜를 내려주시옵소서.
깨어진 관계로 고통받는 자들에게
화평케 하는 은혜를 부어주시옵소서.

우리를 찾아와 만나주시고
치료하고 회복시켜 주시는 주님의
깊은 손길을 경험하는 놀라운 역사가
이 시간 우리 가운데 일어날 줄 믿습니다.

구하라 그리하면 너희에게 주실 것이요
찾으라 그리하면 찾아낼 것이요
문을 두드리라 그리하면 너희에게 열릴 것이니
구하는 이마다 받을 것이요
찾는 이는 찾아낼 것이요

두드리는 이에게는 열릴 것이니라

마태복음 7장 7,8절

예, 주님. 이 시간 믿음으로 구하고 찾고 두드립니다.
살아계신 주님이 주시고, 찾게 하시고, 열어주시옵소서.

하나님은 치료의 하나님이십니다.
이 시간 기도하는 모든 자에게
하나님의 만지심과 회복시키는 역사와 기적이
곳곳에서 일어나게 해주시옵소서.
우리를 구원하고 치유하시는 하나님을 찬양하는 소리가
온 땅에 가득히 울려 퍼지게 하여주시옵소서.
병상에 누운 사랑하는 가족들을 위해 기도하는
성도들의 간절한 기도를 들으시고,
오늘 가정마다 좋은 소식이 들려오게 하여주시옵소서.

특별히 암으로 고통받는 성도들이 있습니다.
발견된 암세포든 발견되지 못한 암세포든
우리 몸속에 있는 모든 암세포가
깨끗하게 소멸하게 하여주시옵소서.
치료의 하나님께서 이 시간
저들의 환부에 안수해주시고,

모든 질병을 깨끗하게 치유하여주시고,

하늘로부터 오는 평강과 기쁨이

저들 심령 안에 가득 흘러넘치게 하여주시옵소서.

사랑하는 주님,

인생의 무거운 짐을 지고 가는

사랑하는 우리 부모님들을 붙잡아 주시고,

하루하루 두려움 가운데 살아가는

우리 자녀들을 지켜주시옵소서.

인생에서 실패의 자리를 지내고 있는 성도들이

다시 눈을 들어 주를 보게 하시고,

인생이 하나님의 손에 있음을 믿고

다시 일어서게 하여주시옵소서.

오늘도 하나님의 일하심과 역사하심을 기대합니다.

기도에 응답하실 하나님을 기대합니다.

우리는 약하지만 하나님은 강하십니다.

우리는 부족하지만 하나님께는 부족함이 없으십니다.

이 시간 닫혀있는 우리의 마음 문을 열어주시고

하늘 문을 열어주시사

놀라우신 하나님의 영광을

경험하는 시간 되게 해주시옵소서.

하나님께서 우리를 얼마나 사랑하시는지

다시 경험하는 시간이 되게 하여주시옵소서.

우리의 모든 필요를 아시고, 먹이고 입히고 채워주시는

주님의 따뜻한 손길을 경험하게 하여주시옵소서.

오 주님,

예수 그리스도의 이름에 능력이 있는 줄로 믿습니다.

이 시간 예수 그리스도의 이름으로 선포할 때

우리를 묶고 있는 모든 두려움이 떠나갈지어다.

우울하게 하는 모든 어둠의 영은 떠나갈지어다.

끊임없이 죄의 길에 서게 하는 악한 생각들도

절망도 떠나갈지어다.

이 시간 기도할 때

우리의 믿음을 흔들어 대는 모든 악한 마귀 권세가

예수 이름 앞에 굴복할지어다.

성령님, 이 시간 다스려주시옵소서.

생명의 영으로 다스려주시옵소서.

살리시는 영으로 다스려주시옵소서.

거룩의 영으로, 기쁨의 영으로, 평화의 영으로

우리를 충만하게 하여주시옵소서.

우리 주님의 거룩한 보혈로 우리를 덮어주시옵소서.

오늘도 주님 앞에 나는 죽고 예수님이 살기를 원합니다.

주님, 상처받은 나는 죽었습니다.

연약한 나는 죽었습니다.

두려워하는 나는 죽었습니다.

열등감 많은 나는 죽었습니다.

죄인 된 나는 죽었습니다.

이제 강하신 주님이 사십니다.

담대한 주님이 사십니다.

죽음을 이기신 주님이 사십니다.

세상을 다스리시는 주님이 사십니다.

능력과 지혜의 주님이 사십니다.

예수님이 나의 주인 되어주시고,

예수님이 삶의 인도자가 되어주시옵소서.

주님이 인도하시는 길이 가장 좋은 길이고,

주님이 인도하시는 길이 가장 안전한 길인 줄 믿습니다.

주님,

모든 고난의 자리를 털고 일어설 수 있도록

이 시간 우리에게 말씀하여주시옵소서.

"아들아, 일어날지어다.

딸아, 기뻐 뛸지어다.

내가 너를 정금같이 단련하였으니

반드시 내가 너를 들어 쓸 것이라.

반드시 내가 너를 축복할 것이라.

두려워 마라.

놀라지 마라.

내가 너와 함께함이니라."

예, 주님. 감사합니다.

이 모든 고난의 자리에 함께하시고

이 모든 시간을 넉넉히 이기게 하실 주님을 찬양합니다.

내가 평안히 눕고 자기도 하리니

나를 안전히 살게 하시는 이는 오직 여호와이시니이다

시편 4편 8절

예, 주님. 저를 안전하게 지켜주시는 주님으로 인해

오늘도 제가 평안히 눕고 잘 수 있습니다.

이 시간 예수님을 바라볼 때

성령 하나님의 거룩한 임재로

우리의 온몸을 감싸주시옵소서.

주님의 평안이 임합니다.

마음이 여유로워지고 새 힘이 솟아납니다.

담대함이 생기고 믿음이 샘 솟습니다.

주님 감사합니다.

주님 사랑합니다.

주님 찬양합니다.

나를 안전하게 지켜주시는 이름

예수님의 이름으로 기도드립니다.

아멘.

chapter 6

소망을 주는 기도

소망을 주는 기도

예수님의 십자가 사랑을 의지하여

살아계신 주님 앞에 섭니다.

내게는 아무 공로 없으나,

오직 주의 공로 의지하여 주님 앞에 섭니다.

주님, 저를 불쌍히 여겨주시고, 긍휼히 여겨주시옵소서.

주의 보혈로 제 모든 죄와 허물을 가려주시고,

주의 은혜로 연약한 저를 용서하여주시옵소서.

주님, 저의 연약함 그대로, 저의 부족함 그대로

아버지의 넓은 품에 저를 안아주시옵소서.

사랑으로 감싸주시는 아버지의 품에 안겨

주의 얼굴 보기 원합니다.

주님의 깊은 임재 안에서

사랑의 음성을 듣는 시간 되기를 원합니다.

어떠한 어려움도 이겨낼 힘과 능력이

우리 주님께 있음을 알기에

오늘도 소망의 주님을 바라봅니다.

하나님, 하나님은 제가 겪고 있는

그 어떤 어려움보다 크신 분이십니다.

저에게 큰일도 하나님께는 작은 일입니다.

저에게 어려운 일도 하나님께는 쉬운 일입니다.

저에게 부담스러운 일도 하나님께는 아무것도 아닙니다.

그러기에 이 시간 크신 주님께

제 모든 일을 의탁합니다.

주님, 저의 기도를 들으시고 응답해주시옵소서.

이 시간 살아계신 주님을 바라볼 때

저의 모든 염려와 근심과 걱정은 사라지고

하늘의 위로와 소망이 넘쳐나게 해주시옵소서.

하늘의 천군 천사를 동원하여 모든 문제를 해결해 주시고

하나님께서 예비하신 놀라운 축복을 내려주시옵소서.

하나님,

이 시간 질병으로 고통 가운데 있는 성도들이 있습니다.

가정의 아픔을 안고 이 자리에 있는 성도들이 있습니다.

경제적인 문제로 오래 시달려 온 성도들이 있습니다.

사람들에게 말하기 부끄러운 어려움을 가진

성도들이 있습니다.

하나님, 이 시간 주님께 간구합니다.

우리의 삶을 얽어매고 있는 모든 사슬에서

벗어나는 은혜를 주시옵소서.

인생의 밑바닥을 지나고 있는 성도들,

비참한 삶의 바닥에 있는 성도들을

다시 건져 올려주시옵소서.

주님, 이 시간 저들에게 말씀하여주시옵소서.

"사랑하는 아들아,

사랑하는 딸아,

내가 너의 두 손을 꼭 붙잡고 있노라.

내가 너의 모든 눈물을 닦아줄 것이며

내가 너의 수치를 면케 하고

네가 아파한 만큼 더 큰 기쁨의 날을 네게 주리라.

내가 너를 부요케 할 것이며,

내가 너를 높이 들어 쓰리라."

주님, 말씀하여주시옵소서.

하나님 아버지,

인생의 큰 풍랑 앞에서 제가 얼마나 작고 연약한지,

그리고 우리 하나님이 얼마나 크고 위대한 분이신지

보게 됩니다.

예상치 못했던 큰 풍랑조차도 제게 유익이 될 수 있는 것은

그곳에서 살아계신 하나님을 만날 수 있기 때문입니다.

저의 작은 부르짖음을

저 큰 파도 소리보다 더 크게 들어주시는 하나님,

지금은 거친 풍랑 앞에서 어찌해야 할지 모르겠지만,

신실하신 하나님께서 마침내 저를 안전한 항구로

인도해 주실 것을 믿습니다.

저의 모든 필요를 아시는 주님,

저의 작은 기도에도 신실하게 응답하여주시고,

제가 구하지 못하는 것까지도 채워주시옵소서.

주님, 저는 끊임없이 세상 속에서 흔들립니다.

두려움이 너무 많습니다.

그러기에 오늘도 주님을 의지합니다.

주님이 이 시간 이곳에 임재해 주시옵소서.

주님의 임재 앞에 모든 묶임이 풀어질 줄 믿습니다.
주님의 임재 앞에 모든 어둠의 영이 떠나갈 줄 믿습니다.
주님의 임재 앞에 모든 저주가 끊어질 줄 믿습니다.
주님의 임재 앞에 우리를 막아선 모든 원수가
쫓겨 갈 줄 믿습니다.

주님만이 우리의 힘이 되시고,
주님만이 우리의 능력이 되시고,
주님만이 우리의 생명이 되십니다.

하나님, 이 시간 저에게
주님의 영광스러운 빛을 비춰주시옵소서.
저의 영혼이 풍성하신 주님의 사랑과 은혜로
넘쳐흐르는 시간이 되게 하여주시옵소서.

주님, 저는 약하지만, 주님은 강하십니다.
저는 깨어졌지만, 주님은 온전하십니다.
주님의 손으로 저를 붙들어 주시옵소서.
고난을 이기는 믿음을 주시고,
눈물이 멈추게 하여주시고,
주님의 평강이 임하게 하여주시옵소서.

주님, 이제 주님의 능력을 제한하지 않겠습니다.
이 시간 주님의 이름을 선포할 때
모든 무너진 삶의 자리가 회복될 줄 믿습니다.
왕 되신 주님을 선포할 때 감사가 회복되고,
기쁨이 회복되고, 기도가 회복될 줄 믿습니다.
사랑하는 주님의 이름을 부를 때
우리를 사랑하신 주님이 얼마나 크고 놀라운 분이신지
경험하는 시간 될 줄 믿습니다.

하나님, 아무리 상황이 어려워도
하나님은 상황에 제한받는 분이 아니심을 믿습니다.
아무리 우리를 힘들게 하는 사람도
하나님의 역사를 방해할 수는 없습니다.
하나님, 그 어떤 사람도 내 삶을 결정할 수 없습니다.

왕의 마음을 움직이시고,
모든 권위자의 마음을 움직이시는 분이 하나님이시기에
제 삶의 모든 결정권은 오직 하나님께 있습니다.
제 삶은 하나님의 손에 달려있습니다.

여호와는 나의 빛이요 나의 구원이시니
내가 누구를 두려워하리요

여호와는 내 생명의 능력이시니

내가 누구를 무서워하리요

악인들이 내 살을 먹으려고 내게로 왔으나

나의 대적들, 나의 원수들인 그들은 실족하여 넘어졌도다

군대가 나를 대적하여 진 칠지라도

내 마음이 두렵지 아니하며

전쟁이 일어나 나를 치려 할지라도

나는 여전히 태연하리로다

내가 여호와께 바라는 한 가지 일 그것을 구하리니

곧 내가 내 평생에 여호와의 집에 살면서

여호와의 아름다움을 바라보며

그의 성전에서 사모하는 그것이라

여호와께서 환난 날에

나를 그의 초막 속에 비밀히 지키시고

그의 장막 은밀한 곳에 나를 숨기시며

높은 바위 위에 두시리로다

시편 27편 1-5절

예, 주님.

주님이 나의 구원이요, 빛이요, 생명이시기에

제가 두렵지 않습니다.

제가 무섭지 않습니다.

원수가 사방에서 나를 대적해도

주님이 나의 피난처 되시기에 제가 의연합니다.

모든 원수가 내 앞에 무릎 꿇게 될 것입니다.

주님, 이곳에 하나님의 은혜가 가득합니다.

하나님의 은혜가 나를 감싸고 있습니다.

성령님의 거룩하고 신비로운 손길이

나의 온몸을 감싸고 있습니다.

주님의 영광스러운 빛이 나의 온몸을 비춥니다.

소망의 빛이 나의 앞길을 비춥니다.

주님, 제 안에 담대함이 넘쳐납니다.

제 안에 소망이 넘쳐납니다.

가슴이 뜁니다.

희망이 샘솟습니다.

주님 감사합니다.

주님 사랑합니다.

주님 찬양합니다.

우리의 유일한 소망 되신

예수님의 이름으로 기도드립니다.

아멘.

chapter 7

한 해를 바꾸는 기도

한 해를 바꾸는 기도

너희는 이전 일을 기억하지 말며 옛날 일을 생각하지 말라

보라 내가 새 일을 행하리니 이제 나타낼 것이라

너희가 그것을 알지 못하겠느냐

반드시 내가 광야에 길을 사막에 강을 내리니

장차 들짐승 곧 승냥이와 타조도 나를 존경할 것은

내가 광야에 물을, 사막에 강들을 내어

내 백성, 내가 택한 자에게 마시게 할 것임이라

이 백성은 내가 나를 위하여 지었나니

나를 찬송하게 하려 함이니라

이사야서 43장 18-21절

예, 주님.

이제 더는 이전의 일을 기억하지 않겠습니다.

옛날의 일을 생각하지 않겠습니다.

지나간 일들로 후회하지 않겠습니다.

이제 믿음으로 주님이 행하실 일들을 바라보겠습니다.
광야에 길을 내시는 주님의 일하심을 바라보겠습니다.
사막에 강을 내시는 주님의 역사하심을 바라보겠습니다.

목마른 제 영혼을 시원하게 하시는
놀라우신 하나님의 기적을 바라보겠습니다.
소망 없는 제 삶에 찬양의 큰소리 외치게 하실
주님을 바라보겠습니다.

예, 주님.
주님은 반드시 제 입술로 주님을 찬양하게 하실 것입니다.
주님으로 인해 기뻐 춤추게 하실 것입니다.
주님으로 인해 날마다 감사하게 하실 것입니다.
주님으로 인해 소망을 품게 하실 것입니다.
주님으로 인해 매일매일 꿈꾸는 삶을 살게 하실 것입니다.

그렇습니다, 주님.
주님이 반드시 그렇게 하실 것입니다.
신실하신 주님이 말씀대로 이루실 것입니다.
주님의 말씀대로 될 것입니다.
그것이 저를 지으신 하나님의 목적인 줄 믿습니다.

하나님,

아무리 상황이 어려워도

하나님은 상황에 제한받는 분이 아니심을 믿습니다.

아무리 우리를 힘들게 하는 사람도

하나님의 일하심을 방해할 수는 없습니다.

하나님은 실수가 없으시며, 실패를 모르는 분이십니다.

하나님은 뜻하신 바를 반드시 이루는 분이십니다.

그 전능하신 하나님께서 저와 함께하시기에

주님, 제가 실패를 생각하는 것이 아니라

하나님께서 베푸실 풍성한 삶을 꿈꾸겠습니다.

저를 높은 곳에 세워주실 하나님의 손을 기대하겠습니다.

모든 닫힌 문을 열어주실 주님을 의지하겠습니다.

가장 좋은 선물을 예비해 놓으신 주님을 붙들겠습니다.

주님, 이제 모든 상황이 바뀔 것입니다.

모든 흐름이 바뀔 것입니다.

모든 분위기가 새로워질 것입니다.

하나님의 은혜로 모든 것이 새롭게 될 것입니다.

하나님의 은혜가 모든 것을 바꾸어 놓을 것입니다.

주님이 반드시 그렇게 하실 것입니다.

그러기에 주님, 이제 불평하지 않겠습니다.

원망하지 않겠습니다.

마귀가 기뻐하는 말을 하지 않겠습니다.

주님이 기뻐하시는 말을 하겠습니다.

은혜를 선포하겠습니다.

믿음으로 고백하겠습니다.

"하나님께서 함께하시기에 할 수 있습니다.

하면 됩니다. 해보겠습니다. 잘될 것입니다.

은혜가 있을 것입니다. 오늘은 최고의 날입니다.

좋은 일이 생길 것입니다. 기적이 일어납니다.

저는 축복받은 사람입니다.

수많은 기회가 저를 기다리고 있습니다.

제 안에 평안이 흘러넘칩니다. 소망이 가득합니다.

제 인생에 넘어야 할 모든 산이

하나님 앞에서 평지가 될 것입니다.

인생의 모든 쓴물이 단물로 바뀔 것입니다."

주님, 이제 믿음의 말, 소망의 말,

살리는 말을 하며 살아가겠습니다.

하나님께서 기뻐하시는 말을 하며 살아가겠습니다.

하나님, 지금 제가 보는 것이 전부가 아님을 압니다.
제 삶에 일어나는 일 중에 어떤 일도
우연히 일어나는 일이 없음을 믿습니다.

저는 부분밖에 보지 못하지만,
하나님은 전체를 보며 제 삶을 인도해 가심을 알기에
지금은 불행한 일 같아 보일지라도
이것 또한 하나님께서 사용하시는 시간인 줄 믿습니다.

> 여인이 어찌 그 젖 먹는 자식을 잊겠으며
> 자기 태에서 난 아들을 긍휼히 여기지 않겠느냐
> 그들은 혹시 잊을지라도 나는 너를 잊지 아니할 것이라
>
> 이사야서 49장 15절

하나님, 제 삶이 모든 사람에게 잊힐지라도
하나님은 결코 저를 잊지 않으시고,
저를 버리지 않으심을 믿습니다.
아무리 삶이 힘겨워도
온 세상이 나를 외면한 것처럼 느껴져도
주님은 저를 기억하시고
저의 꿈을 기억하시고
저의 기도를 기억하시고

저의 수고를 기억하심을 믿습니다.

주님께 결코 잊혀질 수 없는 존재가

바로 저임을 믿습니다.

하나님, 지난 한 해 동안 참 많은 것을 잃었습니다.

그러나 새해는 잃어버린 모든 것을

되찾는 한 해가 될 줄 믿습니다.

잃어버려졌던 저를 되찾아 주신 주님이

잃어버린 저의 시간을 되찾아 주실 줄 믿습니다.

잃어버린 기회도 되찾아 주시고,

잃어버린 건강도 되찾아 주시고,

잃어버린 사람도 되찾아 주시고,

잃어버린 물질도 되찾아 주실 줄 믿습니다.

주님, 아무리 상황이 힘들어도

여전히 제게 소망이 있습니다.

저의 소망은 제가 아니라

여호와 하나님이시기 때문입니다.

저의 소망은 상황이 아니라

신실하신 하나님이시기 때문입니다.

저의 소망은 환경이 아니라

저를 도우시는 하나님이시기 때문입니다.

바이러스 백신이 우리의 소망이 아닙니다.

세계 경제의 회복이 우리의 소망이 될 수 없습니다.

우리의 소망은

우리를 대신해 십자가를 지신 예수 그리스도이십니다.

우리의 모든 죄를 용서하시는 예수 그리스도이십니다.

온 세상을 다스리고 통치하시는 예수 그리스도이십니다.

그러기에 소망 되신 주님께

우리의 모든 한해 길을 의탁합니다.

그 무엇도, 그 누구도

결코 하나님을 제한할 수 없음을 믿기에

주님을 의지하며 한 해 길을 걸어가겠습니다.

> 너희 안에서 착한 일을 시작하신 이가
>
> 그리스도 예수의 날까지 이루실 줄을 우리는 확신하노라
>
> 빌립보서 1장 6절

주님, 제가 사람들의 말보다

내면에서 들려오는 하나님의 음성에

더 귀 기울이며 살겠습니다.

하나님께서 지으신 나로 살아가겠습니다.

불안해하며 주저하지 않겠습니다.

하나님께서 주신 시간을 소중히 여기며
더 열정적으로 살아가겠습니다.

믿음과 확신을 가지고 살아가겠습니다.
어떤 어려움 속에서도
하나님께서 저를 통해 시작하신 일을
하나님께서 완벽하게 이뤄가실 것을 제가 믿습니다.

"네 입을 넓게 열라, 내가 채우리라"
하신 주님.
이 시간 믿음의 입을 넓게 엽니다.
제게 복에 복을 더하여주시옵소서.
제 삶의 지경을 넓혀 주시옵소서.
저의 인간적인 한계를 뛰어넘는 삶을 살게 해주시옵소서.

주님, 이제 고민을 줄이겠습니다.
걱정을 멈추겠습니다.
주님의 말씀을 의지하여 더욱더 도전하며 살겠습니다.
더욱더 과감하게 모험하며 살겠습니다.

하나님, 제가 다른 것에서 행복을 찾지 않습니다.
예수님이 저의 행복입니다.

제가 상황을 보며 불평하는 것이 아니라
주님의 사랑과 주님의 은혜 안에 머물면서
날마다 행복을 선택하며 살아가겠습니다.
다른 사람들에게 행복을 나누는
축복의 통로가 되겠습니다.

사랑하는 사람들과 다툼을 줄이고,
더 따뜻한 사람이 되겠습니다.
자존심을 내려놓겠습니다.
사랑한다는 고백을 더 많이 하겠습니다.
고맙다는 말을 더 자주 하겠습니다.
도움을 받고, 도움을 주는 삶을 살겠습니다.
주님, 은혜를 내려주시옵소서.

주님, 저희의 가정을 축복하여주시옵소서.
찬양과 기도와 말씀이 흘러넘치는
믿음의 가정이 되게 해주시옵소서.
사랑하는 부모님의 건강을 지켜주시고,
자녀들의 앞길을 인도해 주시옵소서.
저희 가정에 필요한 모든 필요를
풍성하게 채워주시옵소서.

주님, 서로를 인정해주고 격려해주는 대화가
저희의 가정에 가득하게 해주시옵소서.
솔직한 마음을 나누고 그 마음이 위로받는
저희의 가정이 되게 해주시옵소서.

주님, 저희 가족에게 필요한 것은
다른 어떤 것이 아니라, 바로 저입니다.
제가 가족들과 더 많은 시간을 함께 보내겠습니다.
더 자주 놀고, 더 많이 여행하고, 더 많이 웃으며
사랑하는 가족들과 좋은 추억을 더 많이 만들겠습니다.
주님, 도와주시옵소서.

여호와를 기뻐하라
그가 네 마음의 소원을 네게 이루어주시리로다
시편 37편 4절

예, 주님.
오늘도 저를 구원하신 주님으로 인해 기뻐합니다.
저와 동행하시는 하나님으로 인해 기뻐합니다.
주님이 제 마음의 소원을 제게 이루어주실 것을 믿고
기뻐합니다.

주님,

올해는 제 삶에 최고의 한 해가 될 것을 믿습니다.

기적 같은 일들이 일어나는 하루하루가 될 것을 믿습니다.

꿈꾸지 못했던 삶이 펼쳐질 것을 믿습니다.

하나님의 축복이 매일매일 임할 줄로 믿습니다.

하나님의 은혜가 날마다 가득할 것을 믿습니다.

크신 주님이 저의 기도를 들으시고

놀랍게 응답하실 줄 믿습니다.

주님 감사합니다.

주님 사랑합니다.

주님 찬양합니다.

우리의 삶을 새롭게 하시는 이름,

예수님의 이름으로 기도드립니다.

아멘.

chapter 8

하루를 시작하는 기도

하나님은 모든 만물을 창조하신 전능하신 분이십니다.

하나님은 온 우주를 다스리시는 분이십니다.

하나님은 살아계셔서 지금 우리와 함께하시는 분이십니다.

사랑하는 주님.

오늘도 새날을 허락하셔서 감사드립니다.

오늘 하루를 살아가면서

하나님께서 얼마나 크고 놀라운 분이신지

기억하며 살게 하시고,

온종일 위대하신 하나님을 높여드리는 삶을 살며,

제가 그 하나님의 얼마나 큰 사랑을 받은 자녀인지

가슴 깊이 느끼며 살아가는 하루가 되게 해주시옵소서.

오늘도 하나님의 은혜가 제게 가득하게 하시고,

순간순간마다 하나님의 은혜로

좋은 일이 끌려오게 해주시옵소서.

오늘 좋은 일이 가득한 하루가 될 줄 믿습니다.

하나님께서 예비하신 온갖 축복들이

오늘 임할 줄로 믿습니다.

제가 어디를 가든 하나님의 은혜가 저를 좇고,

제가 어디에 있든 하나님의 선하심과 인자하심이

항상 저를 따를 것을 믿습니다.

가는 곳마다 하나님께서 함께하시고

하는 일마다 하나님께서 도와주심을 믿습니다.

좋으신 하나님,

오늘 하는 일마다 좋은 일이 가득하게 하시고,

오늘 만나는 사람마다 좋은 만남이 되게 하시고,

순간순간 기도할 때마다 주님이 귀 기울여 들으시고

응답해주실 것을 믿습니다.

두려운 순간마다 용기와 담대함을 주시옵소서.

낙심될 때마다 하나님을 믿는 믿음을 주시옵소서.

눈에 보이는 것이 아무것도 없고

귀에 들리는 것이 아무것도 없고

손에 잡히는 것이 아무것도 없을지라도

믿음의 눈을 들어 살아계신 하나님을 보게 하시고,

하늘의 음성이 들려오게 하시고

하나님께서 일으키시는 기적 같은 일들을
경험하는 하루가 되게 해주시옵소서.
주님의 크신 사랑에 흠뻑 젖어 사는
오늘 이 하루가 되게 해주시옵소서.

사랑하는 주님,
오늘도 주님이 주시는 참된 자유를
마음껏 누리게 하시고,
겸손하고 온유하신 예수님을 더 닮아가고
모든 면에서 점점 더 성장하고 자라가는
하루가 되게 해주시옵소서.

오늘도 하나님 주신 평안이 제 마음에 가득합니다.
오늘도 하나님 주신 사랑이 제게서 넘쳐흐릅니다.
오늘도 제 입술에 감사와 기쁨의 찬송이
멈추지 않고 가득하게 될 줄 믿습니다.

우리의 하룻길을 인도하실 주님께 감사드리며
예수님의 이름으로 기도드립니다.
아멘.

chapter 9

낮에 드리는 기도

낮에 드리는 기도

사랑하는 주님,

하나님의 은혜로 활기차게 하루를 시작하고

하나님의 도우심으로 오전 시간을 잘 보냈습니다.

이제 태양이 이글거리는 한낮입니다.

뜨거운 태양 아래 저를 위해 십자가에 달려

모든 물과 피를 쏟으시며 사랑하신

주님의 사랑을 기억합니다.

사람들이 뭐라 하든

저는 주님의 이 큰 사랑을 받은 사람입니다.

주님께는 두고 보시기에도 아까운 사람이 바로 저입니다.

이 은혜를 기억하며 오후를 시작합니다.

피곤한 자에게는 능력을 주시며

무능한 자에게는 힘을 더하시나니

소년이라도 피곤하며 곤비하며

장정이라도 넘어지며 쓰러지되

오직 여호와를 앙망하는 자는 새 힘을 얻으리니

독수리가 날개치며 올라감 같을 것이요

달음박질하여도 곤비하지 아니하겠고

걸어가도 피곤하지 아니하리로다

이사야서 40장 29-31절

주님, 이제 유혹이 많은 시간입니다.

피곤하고 넘어지기 쉬운 시간입니다.

제 마음을 흔들어 대는 것들이 많은 시간입니다.

주님, 제 마음을 지켜주시고

시험에 들지 않게 해주시옵소서.

의심과 부정적인 생각이 떠나가게 해주시옵소서.

모든 원수의 공격에서 지켜주시옵소서.

다시 마음의 호흡을 가다듬고 주님을 바라봅니다.

내 영혼이 살아계신 하나님을 앙망합니다.

성령님 오시옵소서.

성령의 기름을 부어주시옵소서.

성령으로 충만하게 해주시옵소서.

다시 새 힘이 솟아나게 하시고

독수리의 힘찬 날개를 펼치게 해주시옵소서.

달려가도 지치지 않으며

걸어가도 피곤치 않게 해주시옵소서.

만일 네가 보행자와 함께 달려도 피곤하면

어찌 능히 말과 경주하겠느냐

예레미야서 12장 5절

예, 주님. 저는 사람과 경주할 자가 아니라

말과 경주할 자입니다.

주님, 제가 피곤하다 말하지 않겠습니다.

힘들다고 말하지 않겠습니다.

어렵다고 말하지 않겠습니다.

사람들을 보며 원망하고 불평하지 않겠습니다.

주님, 저의 마음과 입술을 지켜주시옵소서.

믿음으로 생각하고 긍정적으로 말하게 해주시옵소서.

나는 겨우 사람과 경주할 자가 아니라 말과 경주할 자다!

나는 말과도 경주해서 이길 자다!

나는 승리자다!

나는 강한 용사다!

나는 오늘도 자라고 있다.

모든 면에서 성장하고 있다.

점점 더 좋아지고 있다.

반드시 잘된다.

좋은 일이 생긴다.

하나님의 은혜가 함께한다.

믿음의 말과 생각으로 저를 가득 채워주시옵소서.

주님,

저의 마음을 강하고 담대하게 하시고

전능하신 하나님의 손이 저를 붙들고 계심을

기억하게 해주시옵소서.

지금 창조주 하나님께서 제 머리에 안수하시며

제게 하늘의 지혜를 부어주심을

믿음의 눈으로 바라보게 해주시옵소서.

주님은 나의 힘이 되십니다.

주님은 나의 능력이 되십니다.

아무리 불가능해 보이는 일도

주님께는 모든 것이 가능합니다.

주님이 승리를 주실 것을 믿습니다.

하나님의 축복이 함께할 것을 믿습니다.

도울 자를 보내주시고

필요들을 채워주시고

좋은 결정을 내리게 하시고

만나야 할 사람을 만나게 하시는

기적 같은 일들이 일어나는

오후가 될 줄 믿습니다.

주님,

제가 섬겨야 할 사람이 있다면 잘 섬기게 하시고,

도와야 할 사람이 있다면 잘 돕게 하시고,

베풀어야 할 사람이 있다면

최선을 다해 베풀게 해주시옵소서.

제 말이 누군가에게 하나님의 음성으로 들리게 하시고

제 손길이 누군가에게 하나님의 손길로 닿게 하시고

제 도움이 누군가에게 기도의 응답이 되게 해주시옵소서.

오후에도 풍성한 열매를 맺게 하실 주님을 찬양합니다.

예수님의 이름으로 기도드립니다.

아멘.

chapter 10

하루를 마치는 기도*

하루를 마치는 기도

사랑하는 주님,

오늘 하루도 아무런 조건 없이 베풀어 주신

놀라운 사랑에 감사드립니다.

이제 하루를 마무리하고 잠자리에 들기 전

사랑하는 예수님을 바라봅니다.

오늘도 예수님과 대화하다 잠들고 싶습니다.

잠들기 전 가장 마지막에 하는 말이

"예수님"이 되었으면 좋겠습니다.

---

* 숨 기도를 먼저 합니다.
  편안하게 누워서 몸에 힘을 쭉 뺍니다. 숨을 깊이 들이마시고 천천히 내뱉으면서
  주님의 이름을 부릅니다.
  "주님."

  한번 더하겠습니다. 깊이 들이마시고 천천히 내뱉습니다.
  "주님."

  몸에 힘을 빼고 마음에 여유를 가지면서 편안해짐을 느껴봅시다.
  그런 후에 주님의 임재 안에서 함께 기도합니다.

잠을 자는 동안에도

예수님을 더 사랑하고,

예수님을 더 높여드리고,

예수님을 더 닮아가는 시간이 되었으면 좋겠습니다.

내일 아침 눈을 뜰 때

예수님의 이름을 부르며 눈 뜨고 싶습니다.

성령님, 이 시간 임하여주시옵소서.

좋으신 하나님,

오늘 있었던 실수를 붙들고 늦은 밤까지 후회하거나

내일에 대한 두려움으로 걱정하며 뒤척이는 것이 아니라,

저의 실수까지도 사용하셔서

아버지의 뜻을 완벽하게 이루어가실 주님을 신뢰하며

가벼운 마음과 평안한 마음으로

잠자리에 들게 해주시옵소서.

언제나 제 삶의 주인은 하나님이시며,

하나님께서 제 삶을 책임져 주심을 믿습니다.

수고하고 무거운 짐 진 자들아

다 내게로 오라 내가 너희를 쉬게 하리라

마태복음 11장 28절

사랑하는 주님,

저의 모든 무거운 짐을 주님께 맡기고,

주님의 품에 안겨 깊은 쉼과 안식을 누리기 원합니다.

이 시간 하늘의 평안이 제 영혼 깊이 임하게 해주시옵소서.

완전한 휴식과 완전한 평안이 느껴지게 해주시옵소서.

하나님, 제가 믿는 믿음은

하나님께서 분명히 살아계신다는 것입니다.

하나님께서 저를 사랑하셔서

제게 가장 좋은 것을 주신다는 것입니다.

지금도 하나님께서 저를 위해

최선을 다하고 계신다는 것입니다.

하나님께서 저의 소원을 아시고,

저의 작은 생각까지도 다 아시며

저의 기도에 놀랍게 응답해주신다는 것입니다.

참 좋으신 하나님,

오늘도 꿈속에서 저를 향해

"사랑한다 아들아, 사랑한다 내 딸아.

너는 이 세상 무엇보다 소중하고, 특별하단다.

너는 이 세상 무엇보다 소중하고, 존귀하단다."

밤새도록 제 귓가에 속삭여 주시옵소서.

영광스러운 주님이
온몸과 마음을 다해 나를 기뻐하신다는 사실이
가슴 깊이 느껴지게 하시고,
저는 하나님께 선택받은 특별한 존재라는 것이
생생하게 믿어지는 밤이 되게 해주시옵소서.

"주님, 주님은 제가 그렇게 좋으세요?
 주님은 제가 그렇게 사랑스러우세요?"

"그럼. 내가 너를 사랑하지.
 내가 너를 얼마나 사랑하는데.
 너의 능력, 너의 외모, 네가 이룬 그 어떤 것도
 내가 너를 사랑하는 것과는 아무 상관이 없단다.
 나의 사랑으로 너의 모든 결핍을 채우고,
 내가 준 자유를 네가 마음껏 누리며 살아갈 때까지
 내가 최선을 다할 거야.
 사랑해 아들,
 사랑한다 내 딸아."

하나님, 하나님은 기적의 하나님이십니다.
내일도 하나님의 놀라운 기적이 일어나는 하루가
될 줄 믿습니다.

오늘도 좋은 일들이 가득하게 하신 하나님께서

내일도 좋은 일이 가득한 하루가 되게 하실 줄 믿습니다.

내일도 모든 일이 잘 풀리고,

모든 상황이 점점 더 좋아질 줄로 믿습니다.

혹시 저의 계획대로 일이 되지 않을 때

하나님의 계획이 이루어지고 있는 시간임을 믿고

더 기뻐하겠습니다.

어떤 어려운 상황에서도 긍정적으로 바라볼 수 있는

믿음의 눈을 열어주시옵소서.

어떤 어려움도 다 지나가고 내일은 새날이 될 줄 믿습니다.

좋으신 하나님,

인생은 제 능력이나 제 노력으로 되는 것이 아니라

하나님의 은혜로 되는 것임을 압니다.

내일도 하나님의 은혜가 가득한 하루가 되게 해주옵소서.

내일은 하나님의 능력이 임하는 날이 될 줄 믿습니다.

하나님의 지혜가 부어지는 날이 될 줄 믿습니다.

모든 면에서 성장하는 하루가 될 줄 믿습니다.

꿈과 소원이 이뤄지는 기막힌 하루가 될 줄 믿습니다.

좋으신 하나님,

오늘도 귀한 만남의 축복을 허락해 주셔서 감사합니다.

오늘 만난 모든 사람은

하나님께서 보내주신 사람들임을 믿습니다.

하나님께서 허락하신 소중한 사람들을 더 사랑하고,

더 아끼고 더 소중히 여기며 살겠습니다.

혹시 나와 다를지라도 그들을 존중하며,

그들의 장점을 바라볼 수 있는 믿음의 눈을 열어주옵소서.

하나님, 오늘 만난 모든 사람이 하나님을 만나게 하시고,

하나님께서 주시는 놀라운 축복을 마음껏 누리며 살아가는

은혜를 내려주시옵소서.

참 좋으신 하나님,

오늘도 최고의 하루를 보내게 해 주셔서 감사합니다.

이 시간 몸이 나른하고, 느긋하고, 편안한 가운데

깊이 잠들게 해주시옵소서.

저의 하룻길을 인도하신 주님께 감사드리며

예수님의 이름으로 기도드립니다.

아멘.

chapter 11

잠자며 드리는 기도

저를 위해 단 한 순간도 멈추지 않고 일하시는

신실하신 하나님을 찬양합니다.

졸지도 아니하시고 주무시지도 아니하시는 주님,

하나님의 거룩하고 신비로운 손길이

밤새도록 제 온몸을 감싸고

하나님의 따스한 온기가

온몸을 가득 채워주심을 믿습니다.

제 육신의 몸은 편안하게 잠이 들게 하시고

제 영은 깨어 쉬지 않고 하나님께 기도하고

찬양하는 밤이 되길 원합니다.

자는 동안에도 하나님께서 제게 은혜를 베푸시고,

자는 동안에도 좋은 소식들이 들려오게 하시고

자는 동안에도 더욱더 예수님을 닮아가게 하심을 믿습니다.

잠을 자는 동안 제 안에 있는 모든 부정적인 생각,

우울한 생각을 깨끗이 씻어내시고,

믿음의 생각, 긍정적인 생각, 좋은 생각들로
가득 채워주시옵소서.
저의 마음을 예수님 생각으로 가득 채워주시옵소서.

제 안에 자리잡은 모든 어둠이
빛 되신 주님 앞에서 깨끗이 사라지게 해주시옵소서.
제 영혼을 그리스도를 믿는 믿음과
하나님나라를 향한 소망과
하나님과 이웃을 향한 사랑으로 가득 채워주시옵소서.

> 그가 찔림은 우리의 허물 때문이요
> 그가 상함은 우리의 죄악 때문이라
> 그가 징계를 받으므로 우리는 평화를 누리고
> 그가 채찍에 맞으므로 우리는 나음을 받았도다
> 이사야서 53장 5절

우리를 자유케 하시는 진리 되신 예수님이
십자가의 보혈로 제 모든 더러운 죄악을 덮으셔서
저를 묶고 있는 모든 사슬이 풀어지고
자유케 되었음을 믿습니다.
예수님의 십자가 능력이 저를 모든 질병에서
자유케 하셨음을 믿고 감사드립니다.

그리스도의 고난이 저를 과거의 모든 상처와 아픔에서
자유케 하심을 찬양합니다.

그리스도께서 멸시당하심으로
제가 모든 사람의 시선에서 자유케 되었습니다.
예수님이 제 짐을 대신 짊어지심으로
저를 모든 무거운 짐에서 자유케 하셨습니다.
예수님의 부활이 모든 가난과 고통에서
저를 자유케 하심을 믿습니다.
나는 자유합니다.
나는 자유합니다.
하나님의 사랑이 그렇게 하셨습니다.

주님, 제 인생을 주님께 맡겨드립니다.
하나님의 지혜와 하나님의 사랑과 하나님의 능력으로
저의 삶을 다스려주시옵소서.
저의 목자가 되신 주님이 저를 위해 싸워주시고,
모든 원수로부터 저를 지켜주시고,
잔이 넘치는 삶을 살게 하실 것을 믿습니다.
주님이 저를 푸른 초장과 쉴만한 물가로 인도하시며,
쉼과 안식과 강건함을 누리게 하실 것을 믿습니다.

시냇가에 심긴 나무같이 풍성한 열매 맺는 삶을
살게 하실 줄로 믿습니다.
날마다 마르지 않는 샘처럼 솟아나는 즐거움이
넘치게 하실 줄 믿습니다.
매일매일 좋은 일들이 가득하게 될 줄 믿습니다.
하나님께서 베푸시는 기적의 만나가
매일매일 제 삶을 풍성하게 채우실 줄 믿습니다.
하나님께서 인도하시는 젖과 꿀이 흐르는 땅을
밟게 될 줄 믿습니다.

주님이 예비하신 믿음의 사람을 만나게 될 줄 믿습니다.
믿음의 공동체에서 서로 사랑하고, 서로 돕고,
서로 나누고 섬기는 삶을 살게 될 줄로 믿습니다.
사람들이 저를 좋아하고, 저와 함께 있고 싶어 하고,
저를 도와주고 싶어 하게 될 것입니다.
하나님의 특별한 은혜와 거룩한 축복들이
매일매일 제게 부어짐을 믿습니다.
주님이 예비하신 풍성한 삶을 살게 될 줄 믿습니다.
나누고 베풀고 섬기는 축복의 통로가 될 줄 믿습니다.

하나님은 위대하신 분이십니다.
하나님은 전능하신 분이십니다.

하나님은 크고 놀라우신 분이십니다.

하나님께는 능치 못할 일이 없습니다.

그 크신 하나님께서 저를 특별히 사랑하시며,

저를 좋아하시고, 저를 기뻐하심을 믿습니다.

저를 소중하고 존귀하게 여겨주심을 믿습니다.

크신 하나님께서 저와 함께하시며,

저를 도우신다는 놀라운 사실을 믿습니다.

"믿는 자에게는 능치 못할 일이 없다" 하신 주님,

아무리 불가능해 보이는 일들이라도

우리 안에 소원을 넣어주신 주님이

놀랍게 이뤄가실 것을 믿습니다.

"네 입을 넓게 열라, 내가 채우리라" 하신 주님.

우리 안에 더 크고 놀라운 꿈을 꾸게 하시고,

하나님께서 채워주신다는 믿음을 가지고

담대히 나아가게 하여주시옵소서.

선하신 주님,

주님의 날개 아래서 제 영혼이 안전합니다.

하나님께서 저와 함께하시기에 제가 평안합니다.

하나님의 은혜가 제게 가득합니다.

하나님의 사랑이 제게 가득합니다.

하나님의 기쁨이 제게 충만합니다.

하나님의 즐거움이 제게 흘러넘칩니다.

하나님의 축복이 제게 넘쳐납니다.

하나님, 아무리 생각해도

저는 하나님의 특별한 사랑을 받았습니다.

아무 조건 없이 저를 사랑하시고,

날마다 제 손 꼭 붙잡아주시고,

언제나 저와 동행해주시니

주님 감사합니다.

주님 사랑합니다.

하나님, 제가 믿는 믿음은

하나님께서 분명히 살아계시며,

하나님께서 저를 사랑하셔서

제게 가장 좋은 것을 베푸신다는 것입니다.

지금도 하나님께서 저를 위해

최선을 다하고 계신다는 것입니다.

하나님께서 저의 소원을 다 아시고,

저의 작은 생각까지도 다 아시며,

저의 기도에 놀랍게 응답해주신다는 것입니다.

선하신 주님,

인생은 저의 능력이나 저의 노력으로 되는 것이 아니라,

하나님의 은혜로 되는 것임을 믿습니다.

내일도 하나님의 은혜가 가득한 하루 되게 해주시옵소서.

내일도 좋은 일이 가득한 하루가 되게 하실 줄 믿습니다.

내일도 모든 일이 잘 풀리고,

모든 상황이 점점 더 좋아질 줄로 믿습니다.

좋은 소식이 들려오게 될 것입니다.

내일은 하나님의 능력이 임하는 날이 될 줄 믿습니다.

하나님의 지혜가 부어지는 날이 될 줄 믿습니다.

모든 면에서 성장하는 하루가 될 줄 믿습니다.

꿈이 이뤄지고 소원이 이뤄지는

기막힌 하루가 될 것입니다.

내일은 눈부신 하루가 시작될 것입니다.

최고의 날이 될 것입니다.

기적 같은 일들이 일어나는

놀라운 하루가 될 것입니다.

우리를 위해 쉬지 않고 일하시는

예수님의 이름으로 기도드립니다.

아멘.

chapter 12

인생을 바꾸는 감사 기도

감사 기도

여호와께 감사하라

그는 선하시며 그 인자하심이 영원함이로다

시편 107편 1절

하나님,

이 시간 급하게 걸어가던 발걸음을 멈추고,

주님이 베푸신 은혜를 기억하며

감사의 기도를 드립니다.

함께 기도하는 모든 이의 심령에

감사의 영을 부어주시옵소서.

하나님,

아무 자격 없는 저를 위해 십자가에 달려 고난받으시고

아무 조건 없이 용서해주시니 감사합니다.

용서해주신 것도 감사한데,

저를 하나님의 자녀 삼아주셔서 감사합니다.

하나님께서 저를 자녀 삼아주셨다는 이 사실만으로도
평생을 감사해도 부족합니다.
주님 감사합니다.
하나님을 믿는 믿음을 주셔서 감사합니다.

하나님,
외로운 인생의 여정에 저를 홀로 두지 않으시고
저와 함께해주셔서 감사합니다.
수많은 원수의 공격 앞에서 제 편이 되어주시고,
저를 지켜주시고 저를 대신해서 싸워주시니 감사합니다.

상한 마음을 안고 돌아누워 있는 저를 찾아와
위로자가 되어주셔서 감사합니다.
두려움에 주저할 때마다
두려워 마라 놀라지 말라 하시며
다시 일어설 용기를 주셔서 감사합니다.
불안한 제 마음에 하늘의 평강을 주셔서 감사합니다.
고난 중에도 소망을 주시니 감사합니다.
날마다 승리케 하시니 감사합니다.

하나님,
저에게 건강한 몸을 주셔서 감사합니다.

좋은 생각을 할 수 있는

지혜로운 머리를 주셔서 감사합니다.

하늘을 수놓은 아름다운 석양을 바라볼 수 있는

눈을 주셔서 감사합니다.

사랑하는 사람의 목소리를 들을 수 있는

귀를 주셔서 감사합니다.

맛있는 음식을 먹을 수 있는

입을 주셔서 감사합니다.

사랑하는 사람을 마음껏 끌어안을 수 있는

팔을 주셔서 감사합니다.

글을 쓰고, 그림을 그리고, 일할 수 있는

손을 주셔서 감사합니다.

보고 싶은 사람을 언제든 찾아갈 수 있는

발을 주셔서 감사합니다.

쉬지 않고 일하는 심장과 폐,

건강한 장기들을 주셔서 감사합니다.

만지고, 맛보고, 냄새를 맡을 수 있어서 감사합니다.

아름다운 자연을 느낄 수 있어서 감사합니다.

오늘도 호흡할 수 있음에 감사합니다.

하나님,

귀한 만남을 허락해 주셔서 감사합니다.

사랑하는 가족을 주셔서 감사합니다.

존경하는 부모님을 주셔서 감사합니다.

사랑하는 남편과 아내를 주셔서 감사합니다.

우리 가정의 기쁨이 되어준

사랑스러운 자녀들을 주셔서 감사합니다.

함께 우정을 나눌 친구들을 주셔서 감사합니다.

힘든 시간 저와 함께 있어주고

저를 도와준 고마운 사람들,

저를 지지해주고 제게 친절을 베풀어준

따뜻한 사람들을 보내주셔서 감사합니다.

무심한 시간, 제가 보고 싶다고 걸려오는

전화 한 통에 감사합니다.

모닥불 피워 놓고 도란도란 옛이야기 나눌 수 있음에

감사합니다.

울창한 숲과 드넓은 바다,

노을 지는 석양과 높고 푸른 가을 하늘,

어두운 밤하늘을 밝게 비추는

달과 별을 주셔서 감사합니다.

안개 자욱한 산등성이를 오르게 하셔서 감사합니다.

빗소리를 들으며 나른한 오후를 보내게 하심에

감사합니다.

시원하게 불어오는 바람을 맞으며

좋아하는 노래를 들을 수 있어서 감사합니다.

나뭇잎 스치는 소리 들으며 산책할 수 있음에 감사합니다.

신나게 뛰어노는 아이들의 웃음소리에 감사합니다.

일용할 양식을 주시고 머리 둘 곳을 주셔서 감사합니다.

하나님,

저를 힘들게 했지만 오히려 하나님을 더 찾게 했던

고난에도 감사합니다.

저를 성장하게 했던 지난날의 모든 역경을 주심에도

감사합니다.

젊은 날 나의 창조자를 기억하게 하셔서 감사합니다.

하나님, 감사합니다.

날마다 감사하는 삶을 살겠습니다.

범사에 감사하며 살아가겠습니다.

모든 이들에게 고마운 마음으로 살아가겠습니다.

고마움을 고백하는 삶을 살아가겠습니다.

하나님, 감사합니다.

하나님, 감사합니다.

감사합니다.

감사합니다.

감사합니다.

고마우신 이름,

예수님의 이름으로 기도드립니다.

아멘.

chapter 13

마음의 평안을 위한 기도

쉼과 안식의 기도

공중의 새를 보라 심지도 않고 거두지도 않고

창고에 모아들이지도 아니하되

너희 하늘 아버지께서 기르시나니

너희는 이것들보다 귀하지 아니하냐

마태복음 6장 26절

너의 하나님 여호와가 너의 가운데에 계시니

그는 구원을 베푸실 전능자이시라

그가 너로 말미암아 기쁨을 이기지 못하시며

너를 잠잠히 사랑하시며

너로 말미암아 즐거이 부르며 기뻐하시리라 하리라

스바냐서 3장 17절

하나님은 우리의 피난처시요 힘이시니

환난 중에 만날 큰 도움이시라

시편 46편 1절

수고하고 무거운 짐 진 자들아 다 내게로 오라

내가 너희를 쉬게 하리라

마태복음 11장 28절

우리의 모든 무거운 짐을 대신 져주시는 주님.
주님 안에 참된 쉼과 안식과 평안이 있습니다.
예수님만이 저의 참된 안식처가 되십니다.
이 시간 온유하고 겸손하신 예수님께
저의 무거운 짐을 맡깁니다.

주님,
저의 모든 무거운 짐을 가져가 주시고,
제 마음에 쉼을 주옵소서.
깊은 안식을 주옵소서.
참된 평안을 주시옵소서.

느긋한 마음과 여유로운 마음을 주시옵소서.
침착한 마음과 고요한 마음을 주시옵소서.
모든 긴장이 풀어지게 해주시옵소서.
충분한 쉼과 내면 깊은 곳에서부터 솟아나는
진정한 샬롬을 주시옵소서.

모든 지킬 만한 것 중에 더욱 네 마음을 지키라

생명의 근원이 이에서 남이니라

잠언 4장 23절

하나님,

이 시간 제 마음을 하나님께 맡깁니다.

제 마음을 지켜주옵소서.

지친 마음에 쉼을 주옵소서.

불안한 제 마음에 안식을 주옵소서.

고통스러운 마음을 평안케 하옵소서.

괴로운 마음이 지나가게 하옵소서.

미워하는 마음이 흘러가게 하옵소서.

과거에 대한 후회와 미래에 대한 염려가

깨끗하게 씻어지게 하옵소서.

시기하는 마음, 원망하는 마음, 질투하는 마음이

사라지게 하옵소서.

이 또한 지나가리라.

이 또한 지나가리라.

불안한 마음도 괴로운 마음도

영원하지 않음을 믿습니다.

다 지나가게 되리라 믿습니다.

이제 하나님께서 주시는 평안이 느껴지게 하옵소서.

여유가 느껴지게 하옵소서.

행복이 느껴지게 하옵소서

완전한 샬롬이 느껴지게 하옵소서.

하나님은 저를 사랑하십니다.

하나님은 저를 소중히 여기십니다.

하나님은 저를 귀하게 여기십니다.

하나님은 저를 즐거워하십니다.

하나님은 저를 좋아하십니다.

하나님은 저를 기뻐하십니다.

하나님은 저와 함께 있기를 원하십니다.

하나님과 함께할 때 제 마음은 쉼을 얻습니다.

하나님과 함께할 때 제 마음은 평안합니다.

하나님의 품에 안길 때 제 영혼은 고요합니다.

하나님의 심장 소리가 제 마음을 편안하게 합니다.

하나님의 사랑 안에 제 영혼이 참된 안식을 누립니다.

나의 영혼아 잠잠히 하나님만 바라라

무릇 나의 소망이 그로부터 나오는도다

시편 62편 5절

나의 영혼아 잠잠히 하나님만 바라라

나의 영혼아 고요히 하나님을 바라보라

나의 영혼아 소망의 하나님을 바라보라

하나님,

하나님을 바라보는 이 시간

제 마음에 소망이 솟아납니다.

제 마음에 사랑이 흘러넘칩니다.

제 마음에 감사가 넘쳐납니다.

제 마음에 기쁨이 가득합니다.

제 마음이 평안으로 가득 찹니다.

제 마음이 상쾌합니다.

제 마음이 행복합니다.

제 마음이 하나님을 찬양합니다.

제 마음이 하나님을 경배합니다.

제 마음이 하나님으로 가득합니다.

하나님, 이 시간 평안을 주셔서 감사합니다.

제 마음을 고요하게 해주셔서 하나님 감사합니다.

제 마음에 쉼을 주셔서 아버지 감사합니다.

제 마음을 평안하게 해주셔서 감사합니다.

제 영혼이 안식하게 해주셔서 아버지 감사합니다.

아버지 감사합니다.

아버지 감사합니다.

아버지 감사합니다.

우리의 영원한 안식처가 되신

예수님의 이름으로 기도드립니다.

아멘.

chapter 14

긍정적인 마음을 갖는 기도

긍정적 마음의 기도

전능하신 하나님!

하나님은 마음만 먹으면

광야에도 길을 내시고,

사막에도 강을 내시는 분입니다.

없는 것을 있게 하시며

모든 닫힌 문들을 여시는 분입니다.

하나님은 한계가 없으시고, 제한이 없으시며,

부족함이 없으신 분입니다.

모든 한계를 뛰어넘어 역사하시는 분입니다.

하나님,

상황이 아무리 안 좋아 보여도,

사람들이 아무리 부정적인 말을 할지라도

이 온 우주의 최종 결정권자는 하나님이심을 믿습니다.

인생만사가 하나님의 손안에 있습니다.

제 삶도 하나님의 손에 달려있음을 믿습니다.

사람들이 저를 향해 뭐라 해도

하나님은 저를 향해

"너는 승리자야! 너는 강한 용사야! 너는 내 아들이야!"

이렇게 말씀하심을 믿습니다.

하나님, 저는 복 받은 사람입니다.

하나님의 가장 소중한 보물이 바로 저임을 믿기 때문입니다.

하나님의 은혜가 저를 둘러싸고 있고

어디를 가든지 하나님의 은혜가

저를 따라다님을 믿기 때문입니다.

하나님께서 제 편이시고,

하나님께서 저를 눈동자처럼 지켜주시기에

그 누구도 감히 저를 대적할 수 없음을 믿기 때문입니다.

하나님,

이제 뒷걸음질 치지 않겠습니다.

움츠러들지 않겠습니다.

주저앉아 불평하지 않겠습니다.

원망하는 삶을 멈추겠습니다.

믿음으로 일어서겠습니다.

믿음으로 전진하겠습니다.

믿음으로 달려가겠습니다.

창조주 하나님께서 저의 발걸음을 인도하고 계시고

하나님의 장중에 제가 붙들려 있음을 믿기에,

상황은 절망적이지만 제 안에 희망이 솟아납니다.

하나님께서 모든 장애물을 극복하게 하실 것을 믿습니다.

하나님께서 모든 상황을 바꿔주실 것을 믿습니다.

하나님께서 모든 일을 좋게 하실 것을 믿습니다.

시간이 걸리더라도 반드시 좋아지게 될 것입니다.

하나님,

저를 힘들게 하는 모든 원수보다

하나님은 훨씬 더 크신 분이십니다.

크신 하나님께서

저를 묶고 있는 모든 저주의 사슬을 끊어내심을 믿습니다.

크고 놀라우신 하나님께서

하나님의 지혜와 하나님의 능력과 하나님의 사랑으로

저를 다스리고 계심을 믿습니다.

제 안에 잠자고 있는 모든 꿈을 향해

다시 생명력을 불어넣어 주시고,

열정의 불씨를 되살려 주실 줄로 믿습니다.

하나님께서 저를 더 높이 비상하게 하시고,

하나님께서 저를 점점 더 좋아지게 하실 것을 믿습니다.

하나님께서 모든 것을 회복시켜 주시고
승리의 삶을 살게 하실 것을 믿습니다.
예, 주님. 주님은 반드시 그렇게 하실 것입니다.
반드시 그렇게 될 것입니다.

하나님, 저는 우연히 지어진 존재가 아닙니다.
하나님의 놀라운 계획 가운데 창조되었습니다.
하나님께서 감탄하실 만큼 아름답게 지어진 존재가
바로 저입니다.
지극히 크고 높으신 하나님의 사랑받는 자녀가
바로 저입니다.
어떤 상황이 와도 이것은 결코 변함이 없습니다.

하나님,
저는 하나님의 손으로 지으신 놀라운 걸작품이라는
복음적인 자존감을 가지고 살아가겠습니다.
나는 하나님의 자녀라는 자신감을 가지고 살아가겠습니다.
만왕의 왕이신 하나님께서 저의 아빠가 되시기에
더 이상 낙심과 열등감에 이끌려 살아가지 않겠습니다.
우울감에 젖어 살아가지 않겠습니다.
고개를 들겠습니다.
어깨를 펴겠습니다.

당당하게 걷겠습니다.

항상 기뻐하겠습니다.

모든 일에 감사하겠습니다.

제가 고난의 자리에 있을지라도,

제가 실패의 자리에 있을지라도,

사람들이 저를 외면할지라도

하나님은 결코 저를 외면하지 않으심을 믿습니다.

하나님은 절대 저를 포기하지 않으심을 믿습니다.

하나님께서 제 인생의 꼬여 있는 모든 매듭을 풀어주시고,

새로운 기회의 문을 열어주시며,

꼭 필요한 사람들을 만나게 하실 것을 믿습니다.

하나님께서 제 삶에 불어오는 모든 역풍을

순풍으로 바꿔주실 것을 믿습니다.

하나님께서 은혜의 새바람을 일으키실 것을 믿습니다.

은혜의 바람이 제게 불어오고 있음을 믿습니다.

하나님께서 예비하신 풍성한 은혜가 오늘 임할 줄 믿습니다.

하나님, 오늘은 은혜의 날입니다.

오늘은 기적의 날입니다.

오늘은 최고의 날입니다.

좋은 일이 생길 것입니다.

모든 상황이 좋아질 것입니다.

모든 일이 잘 풀리게 될 것입니다.

오늘도 기막힌 하루가 될 것을 믿습니다.

오늘 하나님의 약속이 이뤄질 것을 믿습니다.

하나님께서 일으키시는 반전의 역사가

오늘 일어날 줄 믿습니다.

하나님께서 저로 하여금

한계를 뛰어넘는 삶을 살게 하실 것을 믿습니다.

하나님, 오늘도 기도하고, 믿고, 기대하며 살아가겠습니다.

우리의 희망 되신 이름,

예수님의 이름으로 기도드립니다.

아멘.

chapter 15

건강한 삶을 위한 기도

평안의 기도

항상 기뻐하라 쉬지 말고 기도하라 범사에 감사하라

이것이 그리스도 예수 안에서

너희를 향하신 하나님의 뜻이니라

데살로니가전서 5장 16-18절

주님,

아무 자격 없는 저를

어떠한 조건도 요구하지 않으시고

먼저 사랑해주셔서 감사합니다.

주님께 받은 복을 하나하나 세어보면

제 삶의 모든 것이 감사의 이유입니다.

저에게 주어진 모든 상황, 모든 환경, 모든 사람이

감사의 제목입니다.

제게 일어난 모든 일이 잘된 일이고 감사한 일입니다.

하나님께서 저의 하나님이 되어주셔서 참 다행입니다.

주님, 오늘 하루도

적극적으로 감사를 고백하며 살겠습니다.

감사가 넘치는 삶을 살겠습니다.

마음속에서 터져 나오는 감사로

제 삶을 가득 채우겠습니다.

큰소리로 웃기도 하고

아무도 보지 않는 것처럼 마음껏 춤도 추면서

저를 구원하시고 저와 동행하시는 주님으로 인해

기뻐하겠습니다.

그렇게 오늘 하루도 주님의 뜻을 이루는

행복한 하루가 되게 해주시옵소서.

우리가 아직 죄인 되었을 때에

그리스도께서 우리를 위하여 죽으심으로

하나님께서 우리에 대한 자기의 사랑을 확증하셨느니라

로마서 5장 8절

주님,

주님이 저를 있는 모습 그대로 받아주셨듯이

저도 저 자신을 있는 모습 그대로 받아주겠습니다.

저를 판단하지 않겠습니다.

저를 정죄하지 않겠습니다.

저를 자책하지 않겠습니다.

하나님께서 지으신 저의 모습을 인정하고,

저의 약점까지도 소중히 여기며

아무 조건 없이 저를 사랑하신 것처럼

저도 저를 있는 모습 그대로 사랑하겠습니다.

"연약해도 괜찮아. 부족해도 괜찮아.

나는 네가 참 좋아. 네가 너여서 좋은 거야.

그냥 네가 좋은 거야."

주님이 제게 말씀하시듯

저도 저 자신에게 너그럽고 친절하게 말하겠습니다.

주님의 사랑을 기억하며 저 자신을 좋아하겠습니다.

하나님의 따뜻한 시선으로 저 자신을 바라보겠습니다.

사랑하는 주님,

숨 쉬는 모든 순간마다 주님의 십자가 사랑을 기억하며

주님의 크신 사랑 안에 살아가게 하시고

우리 가족, 저의 친구, 저의 이웃을 제 몸을 사랑하듯

사랑할 수 있도록 주님, 도와주시옵소서.

여호와여 내 마음이 교만하지 아니하고

내 눈이 오만하지 아니하오며

내가 큰일과 감당하지 못할 놀라운 일을 하려고

힘쓰지 아니하나이다

실로 내가 내 영혼으로 고요하고 평온하게 하기를

젖 뗀 아이가 그의 어머니 품에 있음 같게 하였나니

내 영혼이 젖 뗀 아이와 같도다

이스라엘아 지금부터 영원까지 여호와를 바랄지어다

시편 131편 1-3절

주님,

더 좋은 집, 더 좋은 차, 더 좋은 옷, 더 멋진 외모에서

행복을 얻으려 했습니다.

더 좋은 직장에 다니고

유명한 사람과의 관계를 자랑하는

그것이 나인 것처럼 착각하며 살았습니다.

이것들이 저를 행복하게 할 수 없다는 것을 알면서도

내려놓지 못했습니다.

주님, 더 이상 이것들에 집착하지 않겠습니다.

지나치게 너무 많은 것을 소유하고,

너무 많은 일을 하려고 애쓰지 않겠습니다.

하나님만이 나를 만족하게 하심을 알기에

하나님 한 분만으로 만족하면서

하나님께서 베푸신 모든 것에 감사하며 살겠습니다.

제 삶에 필요한 모든 필요를 하나님께서 채워주심을 알기에

지나친 욕심을 내려놓고,

자족하는 마음으로 살겠습니다.

다른 사람과 비교하는 생각을 멈추고

어미 품에 안긴 아이의 고요함으로

젖 뗀 아이의 평온함으로 살아가도록

주님, 도와주시옵소서.

내일 일을 너희가 알지 못하는도다

너희 생명이 무엇이냐

너희는 잠깐 보이다가 없어지는 안개니라

야고보서 4장 14절

그러므로 내일 일을 위하여 염려하지 말라

내일 일은 내일이 염려할 것이요

한 날의 괴로움은 그 날로 족하니라

마태복음 6장 34절

주님,

주님이 제게 주신 최고의 선물은 바로 오늘입니다.

지나간 과거에 매이지 않게 하시고

오지 않은 내일에 묶이지 않게 해주시옵소서.

바꿀 수 없는 문제에 빠져 있는 것이 아니라

바꿀 수 있는 해결책에 집중하는 삶이 되게 해주시옵소서.

이 순간, 제 곁에 있는 사람을 사랑하며 살겠습니다.

지금 제가 하는 일을 즐기며 살겠습니다.

한 치 앞도 모르는 제가

막연한 내일에 대한 두려움으로 살지 않게 하시고

오늘이 하나님께서 주신 마지막 날인 것처럼

최선을 다해 살아가게 해주시옵소서.

시간을 아끼는 지혜를 주시옵소서.

오늘이 기적의 날이고

오늘 하나님의 은혜가 임하고,

오늘이야말로 제 인생에 최고의 날이 될 것입니다.

주님, 오늘은 분명히 좋은 하루가 될 것입니다.

하나님의 놀라운 축복이 오늘 임할 것입니다.

생각지도 못했던 기막힌 일들이 오늘 일어날 줄 믿습니다.

너희 안에서 행하시는 이는 하나님이시니

자기의 기쁘신 뜻을 위하여

너희에게 소원을 두고 행하게 하시나니

빌립보서 2장 13절

너희 안에서 착한 일을 시작하신 이가

그리스도 예수의 날까지 이루실 줄을

우리는 확신하노라

빌립보서 1장 6절

제 마음에 거룩한 소원을 품게 하신 하나님,

제 마음의 소리에 귀 기울이게 하시고

주님을 기쁘시게 하는 소원을 소중히 여기며

저를 통해 이루어가실 하나님의 일들을

믿음의 눈으로 바라보게 해주시옵소서.

저는 약하지만, 제 안에 계신 주님이 크시기에

저는 무능하지만, 제 안에 계신 주님은 전능하시기에

주님이 시작하신 일을 주님의 날까지

주님이 이루실 것을 확신합니다.

예, 주님. 저는 할 수 없지만 주님은 하실 수 있습니다.

너희 몸은 너희가 하나님께로부터 받은 바

너희 가운데 계신 성령의 전인 줄을 알지 못하느냐

너희는 너희 자신의 것이 아니라

고린도전서 6장 19절

그러므로 형제들아

내가 하나님의 모든 자비하심으로 너희를 권하노니

너희 몸을 하나님이 기뻐하시는 거룩한 산 제물로 드리라

이는 너희가 드릴 영적 예배니라

로마서 12장 1절

주님, 주님이 허락하신 몸을

건강하고 아름답고 거룩한 몸으로 잘 돌보게 하시고

주님 거하시기에 합당한 몸으로 잘 가꾸게 해주시옵소서.

나의 건강을 자랑하고 나의 아름다움을 자랑하고

나의 거룩함을 자랑하는 것이 아니라

하나님을 기쁘시게 하고 하나님을 영화롭게 하는 데

저의 몸을 사용하게 해주시옵소서.

임산부를 위해 지하철의 자리를 양보하고,

무거운 짐을 지고 계단을 오르는

어르신들의 짐을 들어드리고,

길가에 버려진 쓰레기를 줍기 위해 허리를 숙이고,

길을 물어보는 이들에게 친절하게 길을 안내해 주고,

엘리베이터에서 만난 이웃들에게

환하게 먼저 웃어주는 이것이야말로

우리 주님이 기뻐하시는 영적 예배인 줄 믿습니다.

아무도 모르게 하는 선한 일이야말로

가장 짜릿한 예배인 줄 믿습니다.

주님, 제가 주님이 찾으시는 예배자로

살아가게 해주시옵소서.

여호와여 주께서 나를 살펴보셨으므로 나를 아시나이다

주께서 내가 앉고 일어섬을 아시고

멀리서도 나의 생각을 밝히 아시오며

나의 모든 길과 내가 눕는 것을 살펴보셨으므로

나의 모든 행위를 익히 아시오니

시편 139편 1-3절

주님, 저는 바로 앞도 알 수 없습니다.

그러나 주님은 모든 것을 아십니다.

저는 내일 무슨 일이 일어날지 알 수 없지만,

저의 내일을 인도하시는 분이 하나님이시라는 것을 압니다.

그 주님이 저를 위해 최선을 다하고 계심을 믿습니다.

그러기에 주님,

제가 불안해하지 않겠습니다.

두려워하지 않겠습니다.

저의 모든 걸음을 인도하시는 주님을 신뢰하겠습니다.

믿음으로 생각하고, 최선을 상상하고,

긍정적으로 말하겠습니다.

저의 작은 꿈조차 모두 소중하다고 말씀하시고

저를 꿈꾸던 자리로 인도해 가실 주님을 신뢰합니다.

고난의 시간조차도 꼭 필요한 시간이기에 허락하심을

믿고 인내하겠습니다.

주님의 은혜로 결국 모든 것이 잘 될 줄 믿습니다.

그가 나를 푸른 풀밭에 누이시며

쉴 만한 물가로 인도하시는도다

시편 23편 2절

주님,

주님과 소풍을 떠나는 어린 소년의 마음으로

콧노래도 부르고, 달콤한 아이스크림도 먹고,

하나님께서 지으신 아름다운 세상을 바라보며

즐겁게 살아가겠습니다.

조금 덜 화내고, 조금 더 웃으며 살겠습니다.

너무 애쓰기보다는 즐기면서 살겠습니다.

마음의 여유를 가지고

삶을 좀 더 유연하게 바라보겠습니다.

사랑하는 이들과 즐거운 시간을 더 자주 갖겠습니다.

"우리 데이트 해요.

우리 같이 놀아요.

우리 함께 여행가요."

누군가 이 말을 해주기를 기다리는 것이 아니라,

제가 먼저 이 말을 할 수 있는 용기를 주시옵소서.

주님, 제게 이 땅을 살아갈

지혜와 용기와 사랑을 베풀어 주시옵소서.

오늘도 하나님의 영광을 위하여

지혜로운 선택을 하며 살아가도록

은혜를 베풀어 주시옵소서.

언제나 제게 가장 좋은 것을 주기 원하시는

예수님의 이름으로 기도드립니다.

아멘.

chapter 16

하나님의 자녀가 되는 기도 (영접기도)

영접기도

하나님, 제 삶에는 만족이 없었습니다.

잘살고 싶었지만 마음대로 되지 않았습니다.

성공하고 싶었지만 늘 실패의 자리에 있었습니다.

두려움에 사로잡혀

용기 한번 제대로 내보지 못하고 살아왔습니다.

사람들의 말과 시선에 이끌려 살아왔기에

제 삶은 제 삶이 아니었습니다.

늘 지나간 일들을 붙들고 후회하거나

오지 않는 내일 일로 불안해하며 살았습니다.

일시적이고 찰나와 같은 기쁨을 추구하며 살아왔습니다.

깊은 상실감과 상처로 사람들을 멀리하며 살아왔습니다.

가슴 아픈 일들이 너무 많았습니다.

내가 무엇을 원하는지조차도 잃어버린 채 살아왔습니다.

그저 더 많이 가지면 행복하리라,

더 높은 자리에 올라가면 자유로우리라

생각하며 살았습니다.

그러면서도 마음 한 켠에는

늘 공허함과 외로움을 가지고 살아왔습니다.

이런 저 자신이 싫었고

저를 이렇게 지으신 하나님을 원망하며 살았습니다.

하나님, 저 나름대로 열심히 살아온 것 같은데

제 삶이 도둑맞은 것처럼 느껴지고

살아있으나 죽은 것처럼 느껴지고

지금 제 삶은 마치 실패한 것처럼 느껴집니다.

하나님, 제가 목마릅니다.

> 도둑이 오는 것은 도둑질하고 죽이고
>
> 멸망시키려는 것뿐이요
>
> 내가 온 것은 양으로 생명을 얻게 하고
>
> 더 풍성히 얻게 하려는 것이라
>
> 요한복음 10장 10절

주님, 주님은 제게 생명을 주기 원하시고,

풍성한 삶을 주기 원하시고,

영원한 삶을 주기 원하시는 분이라고 하시니 감사합니다.

그러나 주님,

저는 주님 앞에 설 면목이 없습니다.

저는 주님 앞에 설 자격이 없습니다.

그동안 제가 얼마나 마음으로 하나님을 무시하고,

행동으로 하나님을 무시하며 살았는지 주님 아시잖아요.

하나님의 도움 없이도

얼마든지 잘살 수 있다고 생각하며 살았습니다.

제 힘만으로도 얼마든지 잘살 수 있다고 생각했습니다.

제가 모든 것을 다 안다고 생각하며 살아왔습니다.

이만하면 충분히 착하게 살고 있다고 생각했습니다.

하나님이 필요 없다고 생각했고,

하나님을 하나님으로 인정하지 않았고,

제가 제 삶의 주인이 되어 살아왔습니다.

하나님,

철저하게 하나님을 거역하며 살아온 저는 죄인입니다.

마땅히 벌을 받아야 하는 죄인입니다.

그러나 그런 죄인임에도 불구하고

저를 사랑하셔서 벌하지 않으시고,

저를 살리시기 위해 하나님의 아들이신 예수 그리스도를

이 땅에 보내주시니 감사합니다.

예수님이 이르시되 내가 곧 길이요 진리요 생명이니

나로 말미암지 않고는 아버지께로 올 자가 없느니라

요한복음 14장 6절

예수님만이 유일한 구원의 길이고

변하지 않는 구원의 진리이며

영원하고 유일한 생명이신 이유는

예수님만이 저의 죄 문제를 해결해주셨기 때문입니다.

저의 죄를 대신해 십자가에서 돌아가시고

저를 의롭게 하시기 위해 부활하신 예수님,

이 시간 저의 죄를 회개합니다.

주님, 저를 용서해주시옵소서.

하나님의 아들이신 예수님이 제 모든 죄를 용서하시고

죄인 된 저를 죄와 사망에서 구원해주시기 위해

십자가에서 돌아가시고 부활하신 것을 제가 믿습니다.

너희가 그 은혜를 인하여 믿음으로 말미암아 구원을 얻었나니

이것이 너희에게서 난 것이 아니요 하나님의 선물이라

행위에서 난 것이 아니니 이는 누구든지 자랑치 못하게 함이니라

에베소서 2장 8,9절

예, 주님. 저는 저의 노력으로는
결코 구원받을 수 없음을 고백합니다.
저는 구원 받을 아무런 자격도 없고,
구원받을 아무런 공로가 없습니다.
그러기에 이 시간 오직 예수 공로를 의지합니다.

이제 제 마음의 문을 열고
예수님을 제 삶의 구원자와 주님으로 모셔 들입니다.
예수님, 저의 마음속에 들어와
저의 구원자와 주님이 되어주시옵소서.
죄인 된 저를 받아주시옵소서.
이제 예수님을 저의 구원자와 주님으로
믿고 따르기를 원합니다.

> 하나님이 세상을 이처럼 사랑하사 독생자를 주셨으니
> 이는 저를 믿는 자마다 멸망치 않고
> 영생을 얻게 하려 하심이니라
> 요한복음 3장 16절

예, 주님. 이제 예수님을 믿음으로
제가 멸망하지 않고
영원하고 풍성한 삶을 얻게 되었음을 믿습니다.

주님, 감사합니다.

> 진실로 진실로 너희에게 이르노니 믿는 자는 영생을 가졌나니
>
> 요한복음 6장 47절

> 내가 그들에게 영생을 주노니 영원히 멸망하지 아니할 것이요
>
> 또 그들을 내 손에서 빼앗을 자가 없느니라
>
> 요한복음 10장 28절

> 내가 확신하노니 사망이나 생명이나
>
> 천사들이나 권세자들이나 현재 일이나 장래 일이나
>
> 능력이나 높음이나 깊음이나 다른 어떤 피조물이라도
>
> 우리를 우리 주 그리스도 예수 안에 있는
>
> 하나님의 사랑에서 끊을 수 없으리라
>
> 로마서 8장 38,39절

예, 주님. 이제 저는 예수님을 믿음으로
영생을 가진 자가 되었음을 믿습니다.
더 이상 영생을 얻기 위해
제가 할 것이 아무것도 없음을 믿습니다.
저는 이미 구원받은 자임을 믿습니다.

그뿐만 아니라,

이제 저의 영혼을 빼앗을 자가 없음을 믿습니다.

하나님의 사랑에서 저를 끊어 낼 것이 없음을 믿습니다.

예수님 안에서 저의 영혼이 안전합니다.

이제 오늘 밤 이 세상을 떠나도

하나님의 나라에서 영원히 주님과 함께할 것을 믿습니다.

영접하는 자 곧 그 이름을 믿는 자들에게는

하나님의 자녀가 되는 권세를 주셨으니

요한복음 1장 12절

하나님, 저를 자녀 삼아주셔서 감사합니다.

이제 저에게 자녀의 권세가 있는 줄 믿습니다.

하나님을 아버지라 부를 권세가 있는 줄 믿습니다.

언제든지 아버지 앞에 나아갈 권세가 있는 줄 믿습니다.

아버지께 무엇이든 구할 수 있는 권세가 있는 줄 믿습니다.

그런즉 누구든지 그리스도 안에 있으면

새로운 피조물이라

이전 것은 지나갔으니 보라 새 것이 되었도다

고린도후서 5장 17절

예, 주님.

이제 저는 그리스도 안에서 새로운 피조물이 되었습니다.

그리스도 안에서 의로워졌고,

그리스도 안에서 아름다워졌고,

그리스도 안에서 완전해졌음을 믿습니다.

더 이상 과거의 나를 붙들고 살지 않겠습니다.

예수님을 붙들고 살겠습니다.

> 사랑하는 자여 네 영혼이 잘됨같이
>
> 네가 범사에 잘되고 강건하기를 내가 간구하노라
>
> 요한3서 1장 2절

주님, 저의 영혼이 구원받은 것처럼

범사가 잘 되는 복 또한 함께 받았음을 믿습니다.

건강의 축복까지 더불어 받은 줄 믿습니다.

주님 안에서 제 삶이 완전히 회복되었음을 믿습니다.

이제 예배를 통해 구주 되신 예수님을 더 깊이 알아가고

말씀과 기도를 통해 아버지와 더 친밀해지며,

건강한 교회 공동체를 통해

그리스도가 중심이 된 삶을 살아가게 해주시옵소서.

주님,

죄인 된 제가 구원받았다는 이 사실 하나만으로도

날마다 기뻐하며 살기에 충분합니다.

저를 자녀로 불러주시고

예수님의 이름으로 구하는 것마다 응답해주겠다

약속해주시니 놀랍습니다.

이제 제 삶의 인도자는 주님이시기에

주님이 베푸시는 은혜에

날마다 감사하며 살아가겠습니다.

제가 풍성한 삶을 사는 것이

하나님의 뜻이라 말씀해주시니 아버지 감사합니다.

"사랑하는 아들아, 사랑하는 딸아,

네가 누구인지 중요하지 않아.

네가 어떤 사람인지도 중요하지 않고,

네가 어떤 과거를 가지고 있는지도

내겐 전혀 중요하지 않단다.

중요한 것은 내가 너를 사랑한다는 것이고,

그래서 내가 너를 찾아왔다는 것이고,

내가 너의 모든 죄를 용서했다는 거야.

아들아, 딸아.

어떤 순간이 와도

내가 너를 사랑한다는 것을 결코 잊어서는 안 된단다.

내가 너를 먼저 사랑했다는 것을 기억해야 해.

아들아, 딸아. 사랑해."

주님, 저를 사랑해주셔서 감사합니다.

이제 예수님을 더욱더 사랑하며,

예수님의 사랑을 전하는 삶을 살아가겠습니다.

주님, 사랑합니다.

저의 구원자와 주인 되신

예수 그리스도의 이름으로 기도드립니다.

아멘.

추천 도서

김동호. 크리스천 베이직(규장)

이동원. 다시 들어야 할 처음 복음(두란노)

팀 켈러. 예수를 만나다(베가북스)

chapter 17

영적 성장을 위한 기도

영적 성장 기도

살아계신 주님,

오늘도 이곳에 주님이 함께하심을 믿고

주님을 경배합니다.

우리의 삶에 날마다 새로운 기적을 일으키시고,

우리 안에 있는 모든 어둠을 물리치시고,

날마다 놀라운 일을 행하시는 주님.

오늘도 기도 가운데 우리의 마음을 만져주시고,

치유하시고, 회복시키시고, 새롭게 해주시니 감사합니다.

주님은 보이지 않지만, 여전히 우리를 위해

쉬지 않고 일하시는 분이심을 믿습니다.

우리의 기도를 들으시고 놀랍게 응답하실

살아계신 하나님을 찬양합니다.

우리의 소망 되신 주님,

이 시간 우리의 영적인 성숙을 위해 기도합니다.

우리의 신앙이 날마다 성숙해지길 원합니다.

우리의 믿음이 날마다 자라가길 원합니다.

우리의 성품이 날마다 예수님을 닮아가길 원합니다.

주님,

저는 저의 힘과 능력과 지혜로는

결코 구원받을 수 없는 죄인입니다.

전적인 하나님의 은혜 외에는

제가 구원받을 방법이 없습니다.

주님의 십자가 사랑이 저를 살렸습니다.

주님, 제가 하나님의 자녀라는 분명한 확신을 지니고

당당하게 살아갈 수 있도록

구원의 확신을 제게 허락하여주시옵소서.

유일하신 성삼위 하나님,

오늘도 하나님께서 제 삶에 찾아와 주시고,

제게 말씀하시고,

제 삶을 인도해주시옵소서.

제 삶의 주인은 오직 예수 그리스도이십니다.

그러기에 주님께 제 삶을 온전히 의탁합니다.

주님 저를 받아주시옵소서.

하나님의 나라 위해 저를 사용해주시옵소서.

하나님, 오늘 제가 무슨 말을 해야 할지,

제가 어떤 선택을 해야 할지,

제가 어떤 삶을 살아가야 할지

성경을 통해 구체적으로 말씀하여주시옵소서.

하나님의 말씀은 제 발의 등이요 제 길의 빛입니다.

하나님, 제 삶에 허락하신 모든 것은

다 하나님께서 베푸신 은혜입니다.

하나님께서 허락하신 건강과 시간과 재능과 물질을 통해

하나님을 기쁘시게 하는 삶을 살게 하여주시옵소서.

하나님을 기쁘시게 하기 위해서

제가 가진 것들을 기꺼이 드릴 수 있는

믿음을 주시옵소서.

제 삶의 이유는 하나님이십니다.

하나님을 더 알고,

하나님을 더 사랑하고,

하나님을 더 섬기는 삶을 살기 원합니다.

한 영혼이 주님을 만나고,

주님을 알게 되고,

주님을 사랑하게 되는 일에 제 삶을 드리기 원합니다.

저를 써주시옵소서.

주님,

제게 하나님의 말씀을 사모하는 마음을 주시옵소서.

날마다 말씀을 읽고,

말씀을 외우고,

말씀을 공부하고,

말씀을 묵상하는 것을 통해

주님을 더 깊이 알아갈 수 있도록

지혜와 계시의 영을 부어주시옵소서.

언제나 하나님의 말씀이

제 삶의 기준이 되게 하시고,

하나님의 말씀에 이끌려 살아가는

복된 삶이 되게 해주시옵소서.

주님, 저의 기도가 더욱더 깊어지기 원합니다.

기도 시간이 점점 더 길어지기 원합니다.

기도 가운데 부어주시는 주님의 놀라운 은혜를

날마다 경험하기 원합니다.

기도 가운데 말씀하시는 하나님의 음성을 듣게 하시고

기도 가운데 하나님의 인도하심을 받으며 살게 해주시옵소서.

날마다 예수님을 더 알아가게 하시고,

예수님 안에서 자라가게 하시고,

주님과의 인격적인 관계를 통해
날마다 하나님을 믿는 믿음이
더욱더 자라나게 해주시옵소서.

주님,
연약한 마음과 과거의 상처,
해결되지 않은 정서적 어려움을
깨끗이 치료해주시옵소서.
저의 인격이 날마다 예수님을 닮아가길 원합니다.

제 안에 영적으로 성장하고자 하는 마음이
계속해서 일어나게 하시고,
닮고 싶은 영적인 모델을 만나는 복을 주옵소서.
믿음의 길을 함께 걸어가며 함께 성장할
신앙의 동역자를 허락해 주시옵소서.
함께 울고 함께 웃을 수 있는
믿음의 공동체를 만나는 축복을 주시옵소서.

주님,
주님의 교회를 더욱더 사랑하게 하시고,
서로 연합하고 헌신하여 주님의 몸 된 교회를 세우는
신실한 일꾼이 되게 해주시옵소서.

예배를 사모하게 하시고,
경건의 시간을 통해 날마다 주님과 동행하는
기쁨을 누리게 하여주시옵소서.

믿음의 지체들과 함께 나누는 삶의 고백들을
소중히 여기게 하시고,
어려운 이웃들을 조건 없이 사랑하고 섬기는 일에
즐거운 마음으로 헌신하게 하여주시옵소서.
천국에 대한 소망을 가지고
다시 오실 주님을 기다리며
끝까지 믿음의 길을 걸어가게 해주시옵소서.

오늘도 주님 안에서 점점 더 성장하고
자라가는 하루가 될 줄 믿습니다.
오늘도 예수님을 더 닮아가고
예수님을 더 높여드리는 하루가 될 줄 믿습니다.
그리스도의 장성한 분량에 이르기까지
주님, 저를 인도하여주시옵소서.

날마다 저를 자라게 하시는
예수님의 이름으로 기도드립니다.
아멘.

chapter 18
믿음의 기도

믿음의 기도

예수께서 이르시되

할 수 있거든이 무슨 말이냐

믿는 자에게는 능히 하지 못할 일이 없느니라

마가복음 9장 23절

예수님이 가시는 곳에는

언제나 기적이 일어났습니다.

그곳이 잔칫집이든, 초상집이든

주님이 계신 곳에는 언제나 기적이 일어났습니다.

바다 위에서도, 들판에서도

산 위에서도, 성전에서도

심지어 모든 것이 죽어 있는 무덤가에서도

주님이 계신 곳에는 언제나 기적이 있었습니다.

주님, 제 삶에 기적이 필요합니다.

하나님의 기적이 필요합니다.

하나님의 기적 외에는 제 삶에 소망이 없기에

하나님의 기적을 구합니다.

주님, 이 시간 이곳에 오시옵소서.

사람들은 저를 향해

무슨 말도 안 되는 소리를 하냐고

무슨 기적이 일어나냐고

이제 다 끝났다고

더 이상 안 된다고 말합니다.

포기하라고 말합니다.

그러나 주님,

사람들이 안 된다고 해서 제가 안 되는 것도 아니고

사람들이 못 했다고 해서 저도 못 하는 것이 아닙니다.

제 삶은 사람들의 말이 아니라

하나님의 말씀에 달려있습니다.

예수께서 그들을 보시며 이르시되

사람으로는 할 수 없으나

하나님으로서는 다 하실 수 있느니라

마태복음 19장 26절

맞습니다. 주님.

주님이 말씀하시면 물이 포도주가 되고,

주님이 말씀하시면 없는 것도 있는 것처럼 되고,

주님이 말씀하시면 죽은 자도 살아납니다.

주님은 언제나 반전의 역사를 일으키는 분이십니다.

주님이 끝났다고 말씀하시기 전까지

결코 끝난 것이 아닙니다.

사람의 능력으로는 할 수 없어도

하나님은 모든 것을 할 수 있는

전능하신 하나님이십니다.

이 시간 우리에게 말씀하여주시옵소서.

"걱정하지 마라. 걱정하지 마라. 걱정하지 마라.

내가 너를 도와줄 거야.

내가 너와 함께할 거야.

내가 너를 위해 기적을 일으킬 거야.

너를 위해서라면 내가 뭐든지 할 거야.

뭐라도 할 거야.

너의 모든 질병에서 내가 너를 건져낼 거야.

너의 모든 꼬여 있는 관계를 내가 풀어줄 거야.

너의 막혀 있는 모든 앞길을 내가 열어줄 거야.
너의 비어 있는 모든 재정을 내가 채워줄 거야.

너를 막아선 모든 장애물은
너를 더 높이 오르게 하는 디딤돌에 불과해.
내가 너를 축복의 통로로 사용할 거야.
너를 통해 많은 사람이 축복을 받게 될 거야."

예, 주님. 감사합니다.
주님이 행하실 일들을 믿음의 눈으로 바라봅니다.
주님이 일으키실 기적을 믿음으로 바라봅니다.

> 너희가 기도할 때에 무엇이든지 믿고 구하는 것은
> 다 받으리라 하시니라
>
> 마태복음 21장 22절

예, 주님. 이 시간 믿음으로 구합니다.
모든 질병이 떠나가고, 모든 관계가 풀어지고
모든 앞길이 열리고, 모든 재정이 채워지는
하나님의 기적을 믿음으로 바라봅니다.
이 모든 고난을 통해 우리를 더 높이 세워가실
주님을 바라봅니다.

자비로우신 주님이

저의 모든 근심과 걱정을 거두어 가시고

하늘의 평강으로 저의 온몸과 영혼을

가득히 채워주심을 믿습니다.

저의 모든 아픔과 눈물을 씻어주시고

기쁨이 넘쳐나는 삶이 되게 하실 것을 믿습니다.

하나님의 은혜가 이 시간 나를 감싸고 있습니다.

하나님의 사랑이 내 영혼에 가득합니다.

하나님의 능력이 내 안에 충만합니다.

주님 감사합니다.

주님 감사합니다.

주님 제게 말씀해주셔서 감사합니다.

저를 축복해주셔서 감사합니다.

저의 기도에 응답해주셔서 감사합니다.

> 내가 전심으로 여호와께 감사하오며
>
> 주의 모든 기이한 일들을 전하리이다
>
> 내가 주를 기뻐하고 즐거워하며
>
> 지존하신 주의 이름을 찬송하리니
>
> 시편 9편 1,2절

새 일을 행하실 주님을 높여드립니다.

기적을 일으키신 주님을 찬양합니다.

식은 가슴에 다시 믿음의 불을 지피시고

메마른 입술에 다시 기도를 회복시키신

살아계신 주님을 찬양합니다.

주님, 제가 주님의 놀라운 기적을 전하겠습니다.

주님이 행하신 모든 기이한 일들을 전하며 살겠습니다.

주님, 모든 영광을 받아주시옵소서.

나의 기쁨, 나의 노래가 되시며

오늘도 믿음을 통해 기적을 일으키시는

예수님의 이름으로 기도드립니다.

아멘.

예배를 위한 기도

우리의 예배를 받으시는 성삼위 하나님,

오늘 우리의 예배가

성령 하나님의 영광스러운 임재가 있는 예배,

성자 예수님께 온전히 집중하는 예배,

성부 하나님만 전심으로 높여드리는 예배 되길 원합니다.

마음을 다해 예배하고, 십자가를 붙들고 예배하길 원합니다.

하나님, 예배 가운데 찾아와 주시고, 만나주시고,

영광을 받아주시옵소서.

먼저

지난 우리의 죄악을 주님의 십자가 앞에 내려놓습니다.

주님, 용서하여주시옵소서.

주님이 저의 모든 죄를 깨끗하게 씻어주시고,

자격 없는 저를 자녀 삼아주시고,

하늘의 온갖 신령한 것들을 상속해 주심을 믿습니다.

오늘도 하나님의 은혜를 의지하여 담대히 나아갑니다.

살아계신 성령님,

우리의 예배 가운데 오시옵소서.

오셔서 다스려주시고, 자유롭게 운행하시고,

역사하여주시옵소서.

영이신 하나님께서 가득 흘러넘치고,

하나님의 영으로 완전히 뒤덮어주시는 예배,

성령 하나님께서 마음껏 일하시는 예배가 되길 원합니다.

하나님, 우리의 예배가

예수 그리스도께 향하고,

예수 그리스도만 높여드리고,

예수 그리스도만 자랑하는 예배 되게 하여주시옵소서.

예배의 모든 초점이 사람도, 음악도, 환경도 아닌,

오직 예수 그리스도가 되게 하여주시옵소서.

십자가의 사랑과 부활의 능력으로

우리의 죄를 회개하고,

하나님의 은혜와 하나님의 사랑이 우리 안에

다시 불타오르는 시간 되게 해주시옵소서.

한 영혼이 구원받는 놀라운 은혜가 있는

예배 되게 해주시옵소서.

오늘 예배를 통해
우리의 영적인 연약함을 만져주시고,
정서적인 연약함을 치유하시고,
육체적인 연약함을 회복시켜 주시옵소서.

예배 가운데 모든 깨어지고 상한 것들이 회복되고,
하나님께서 허락하신 구원의 기쁨이 흘러넘치고,
가슴에서부터 우러나오는 감사가 흘러넘치고,
하늘의 평안이 흘러넘치게 하여주옵소서.
모든 근심과 걱정은 사라지고,
하나님을 믿는 믿음이 더욱더 커지고,
강하고 담대한 마음을 얻게 하여주시옵소서.

오늘 드려지는 예배 가운데 하나님의 뜻을 발견하고,
하나님나라의 놀라운 꿈과 비전을
가슴에 품고 돌아가게 하여주시옵소서.

함께 예배하는 예배자들을 위해 기도합니다.
하나님 알기를 소원하고 하나님 만나기를 소망하는
갈급한 마음을 주시고,
준비된 마음으로 신령과 진정으로 예배할 수 있도록
주님, 인도하여주시옵소서.

사람을 예배하는 것이 아니라
하나님을 예배하는 시간이 되게 하여주시옵소서.

함께 예배하는 예배팀을 위해 기도합니다.
찬양팀 가운데 놀라운 성령의 기름을 부어주시옵소서.
영감이 넘치는 찬양으로 하나님을 높여드리게 해주옵소서.
음향팀, 영상팀, 조명팀, 주차, 안내로 섬기는 모든 이가
성령으로 충만하게 하시고,
섬김이 기도 되고,
봉사가 찬양 되고,
헌신의 자리가 예배의 자리 되게 해주시옵소서.
저들의 얼굴이 천사의 얼굴처럼 환하게 빛나게 하셔서
저들의 예배하는 모습을 통해
함께 예배하는 이들 모두 하나님을 깊이 예배하게 되는
은혜가 있게 하여주시옵소서.

예배를 인도하는 인도자를 위해 기도합니다.
하나님 아버지의 마음을 부어주시고,
하나님의 음성에 민감하게 하시고,
성령의 인도함을 받으며 은혜의 보좌 앞으로
모든 예배자를 인도하게 해주시옵소서.

말씀을 증거하는 목사님을 위해 기도합니다.
하나님의 영으로 충만하게 하시고
말씀의 권세를 허락해주옵소서.
은혜의 말씀, 진리의 말씀, 소망의 말씀이 선포될 때
듣는이마다 그 심령이 뜨거워지고, 내면이 변화되고,
영이 다시 살아나고, 삶이 새로워지게 해주시옵소서.
말씀을 들을 때 기도가 회복되고, 찬양이 회복되고,
우리 주님의 십자가 사랑이 회복되게 해주시옵소서.

오늘 예배의 모든 순서 가운데 하나님 함께해주옵소서.
찬양과 기도와 말씀, 헌금과 광고,
시간 시간마다 하나님의 음성이 들려오게 하시고
하나님을 향한 사랑을 고백하는 시간이 되게 해주옵소서.

하나님, 예배를 훼방하는 어둠의 영들을 대적합니다.

죄악에 이끌려 살아가게 하는 영은
예수의 이름으로 떠나갈지어다.
미혹케 하는 영, 분주하게 하는 영,
나누어지게 하는 영은 사라질지어다.
예배에 집중하지 못하게 하는 영은
예수의 이름으로 떠나갈지어다.

좌절하게 하고, 하나님을 기대하지 못하게 하고,

거짓되게 하는 영들은 떠나갈지어다.

시기하게 하고, 미워하게 하고, 용서하지 못하게 하는

더러운 영들은 예수의 이름으로 떠나갈지어다.

우리의 예배를 훼방하는 모든 어둠의 영은

예수의 이름으로 떠나갈지어다.

빛 되신 주님,

주님의 빛으로 우리의 영혼을 환하게 비춰주시고,

그 영혼이 온전히 주님의 다스림 안에 거하게 해주옵소서.

우리의 영이 깨어 하나님께 엎드려 경배하게 해주옵소서.

오늘도 살아계신 하나님께 나아가

예배하게 하시니 감사합니다.

모든 인간적인 것들을 주님의 휘장 뒤로 감춰주시고,

오직 크고 놀라우신 하나님만

우리의 예배를 통해 영광 받아주시옵소서.

오늘도 한 사람의 예배자를 찾으시는

예수님의 이름으로 기도드립니다.

아멘.

chapter 20

가정을 위한 기도

가정을 위한 기도

살아계신 주님,

하나님께서 우리 가정의 주인 되심을 선포합니다.

우리 가정이 오직 여호와 하나님만을 섬기는

믿음의 가정이 되게 해주시옵소서.

하나님 아버지,

제게 가정을 허락해주셔서 감사합니다.

우리 가정을 하나님의 사랑으로 가득 채워주시옵소서.

무엇보다 말씀을 소중히 여기는 가정이 되게 해주옵소서.

하나님의 말씀이 기준 되는 가정이 되게 해주시옵소서.

힘든 일이 있을 때마다 함께 엎드려 기도하고

고마운 일이 있을 때마다 함께 하나님을 찬양하는

가정이 되게 해주시옵소서.

말하는 것과 생각하는 것과 믿는 것과 사는 것이

하나 되는 가정이 되게 해주시옵소서.

가정에서나 일터에서나 교회에서나 세상에서나
언제나 한결같은 모습으로 살아가는
진실한 믿음의 가정이 되게 해주시옵소서.

주님, 우리 가족에게
아무런 조건 없이, 서로의 연약함까지도
있는 모습 그대로 바라봐 줄 수 있는
사랑스러운 눈을 허락해 주시옵소서.
서로의 아름다움을 마음껏 고백해줄 수 있는
축복의 입술을 허락해 주시옵소서.
누구에게도 말할 수 없었던 마음속 깊은 이야기까지도
들어줄 수 있는 세심한 귀를 허락해 주시옵소서.
어려운 이웃들을 끌어안을 따뜻한 가슴을 허락해 주셔서
마르지 않는 축복의 샘터가 되게 하여주시옵소서.
예수님처럼 서로의 발을 씻기는 겸손한 손을 주시고,
좁은 길도 마다하지 않고 걸어갈 수 있는
굳건한 믿음의 발을 허락해 주시옵소서.

어떤 힘든 순간에도 서로를 위로하고 격려하면서
함께 고난을 이겨 나가게 하시고,
좋은 일이 있을 때마다 그 기쁨을 함께 나누며
서로에게 감사하는 가정이 되게 해주시옵소서.

서로 이해하고 존중하며, 희생하고 용서하며

천국 가정을 세우게 해주시옵소서.

사랑하는 남편을 주신 주님 감사합니다.

사랑하는 남편에게 영적인 권위를 허락해주시고,

가장으로서 책임감을 갖게 하시고,

사랑하는 아내와 자녀들을 위해 목숨까지도

내어 줄 수 있는 주님의 사랑으로 채워주시옵소서.

사랑하는 아내를 보내주신 주님 고맙습니다.

사랑하는 아내에게

날마다 사랑스러움이 더해지게 하시고,

말의 지혜를 더해 주시고,

가정의 머리인 남편에게 기쁨으로 순종하며,

자녀들을 주의 교훈으로 가르치게 해주시옵소서.

사랑스런 자녀들을 허락하신 주님 고맙습니다.

사랑하는 자녀들이 하나님을 알게 하시고,

하나님을 사랑하게 하시고,

하나님을 경외하는 아이들로 자라나게 해주시옵소서.

부모님을 공경하고 사랑하며 자랑스러워하고,

부모의 권위를 인정하는 자녀들이 되게 해주시옵소서.

사랑하는 자녀들에게 건강의 복을 주시고,

만남의 축복을 허락하시고

물질의 복을 내려주시옵소서.

날마다 지혜가 자라게 하시고,

선한 영향력을 가지고 사람들에게 축복이 되는

삶을 살아가게 해주시옵소서.

일평생 형통한 삶을 살아가는 복을 주시옵소서

또한 무엇을 하든 하나님께 영광을 돌리는

복된 자녀들이 되게 해주시옵소서.

사랑하는 부모님을 보내주신 주님 감사합니다.

존경하는 부모님에게

눈이 흐려지지 않는 건강과 장수의 복을 주시옵소서.

믿음과 삶이 하나 된 모습으로

자녀들의 영적 모델로 살아오게 하셔서 감사합니다.

사랑하는 부모님이 감정을 잘 다스리게 하셔서

자녀들이 억울하고 화난 마음이 아니라

감사하고 고마운 마음을 가질 수 있도록

주님, 도와주시옵소서.

부모님의 기도가 자녀들을 살리는 줄 믿습니다.

부모님의 입술에 자녀들을 향한 축복의 기도가

넘쳐나게 해주시옵소서.

자녀들의 마음의 소리를 들을 줄 아는 부모 되게 하시고,
자녀들의 생각과 의견을 존중하는
성숙한 인격을 갖게 해주시옵소서.

하나님 아버지,
이 땅에는 다양한 모습의 가정들이 있습니다.
한부모 가정, 조손가정, 형제자매 가정, 노인 가정,
장애인 가정, 다문화 가정, 새터민 가정, 노숙인 가정,
이혼가정, 미혼모 가정, 1인 가정…
여러 모습의 가정들이 함께합니다.
하나님, 이러한 다양한 가정의 모습들을 가슴에 품어
그들을 함부로 판단하거나 배척하지 않고,
그들도 우리와 동일한 가정임을 믿고,
함께 어우러져 살아갈 수 있는
겸손하고 따뜻한 마음을 주시옵소서.

날마다 하나님의 은혜와 평강이 넘치며
하나님나라가 날마다 임하는 가정 되게 해주시옵소서.

우리의 가정을 천국 가정으로 세워가시는
예수님의 이름으로 기도드립니다.
아멘.

chapter 21

교회를 위한 기도

교회를 위한 기도

하나님, 이 땅의 교회를 축복합니다.

건물이 교회가 아닙니다.

예수 그리스도를 구주로 고백하고

그분을 머리로 한 저희가 교회입니다.

주님, 교회의 주인은 하나님이십니다.

우리 주님이 피로 사신 그리스도의 몸 된 교회입니다.

결코 사람이 교회의 주인이 될 수 없습니다.

교회의 주인은 오직 하나님이십니다.

교회를 흔들어 대는 많은 공격이 있지만

주님의 십자가 위에 세우신 주님의 교회는

결코 흔들리지 않을 것입니다.

사랑하는 주님,

예수 그리스도의 십자가 은혜로 우리가

용서받고 구원받았다는 이 놀라운 복음이야말로

우리 교회의 가장 소중한 자산이고,

이 복음만이 세상을 바꿀 유일한 대안이라 믿습니다.

우리의 교회가 복음을 살아내고,

복음을 자랑하게 해주시옵소서.

복음이 경험되고,

그리스도의 제자가 세워지고,

하나님의 나라를 위해 헌신하는 놀라운 복음의 역사가

우리 교회를 통해 매일매일 일어나게 해주시옵소서.

우리의 교회가

머리 되신 그리스도께 연결되어있는

유기적인 생명체 되게 하시고,

그리스도의 말씀에 따라 움직이는

강력한 조직체가 되게 하셔서

그리스도의 사랑의 명령과 전도의 명령에

온전히 순종하는 교회가 되게 해주시옵소서.

사랑하는 주님, 우리의 교회 안에

그리스도의 복음에 헌신한

신실한 일꾼들이 세워지고

하나님의 교회에 헌신한
충성스러운 일꾼들이 세워지게 해주시옵소서.

주님의 교회를 위해 수고하고 애쓰며 섬길 때마다
성령 충만함으로 섬기게 하시고,
그리스도를 위해 고난받는 것까지 기쁨으로 여기는
거룩한 성도들이 구름떼처럼 일어나게 해주시옵소서.

사랑하는 주님,
이 땅의 교회를 축복합니다.
이 땅의 교회가 이런 교회가 되게 해주시옵소서.

어떤 과거, 어떤 배경이 있을지라도
복음으로 다 용서받고 용납되고 하나 되는 교회.
서로 생각이 다른 사람들이 모였지만
그리스도의 생각으로 하나 되는 교회.
한 지체가 고통받으면 모든 지체가 함께 아파하고
한 지체가 영광을 받으면 모든 지체가 함께 즐거워하는,
함께 울고 함께 기뻐하는 교회.

날마다 하나님의 임재가 있고
하나님의 위로와 회복과 평안이 넘치는 교회.

모든 성도가 그리스도의 편지 되어
끊임없이 잃어버린 영혼을 살리는 교회.
민족을 치유하고 세상을 변화시키는 교회.

세상을 위로하고 세상에 축복이 되고
세상의 소망이 되는 교회.
세상의 소금과 빛이 되는 교회.

이 땅의 교회가 이런 교회가 되게 하시고
제가 이런 교회가 되게 해주시옵소서.

하나님,
우리의 교회에 영적인 목회자를 허락해 주시옵소서.
하나님의 뜻을 따라 자진하여 섬기고,
더러운 이익을 탐하지 않고,
기쁜 마음으로 하나님의 양 떼를 먹이는
건강한 목회자를 허락해 주시옵소서.
사람들을 지배하려 하지 않고 본을 보이는 인격적인 리더,
하늘의 면류관을 바라볼 줄 아는 거룩한 리더를 주옵소서.

우리 교회가 목회자를 영적인 리더로 존중하고 존경하는
건강한 교회가 되게 해주시옵소서.

사랑하는 주님,

교회가 교회다워지게 해주시옵소서.

이 땅의 교회가

세상 사람들의 기준에 맞추는 것이 아니라

예수께서 이 땅에 오셔서 하셨던 그 일,

천국 복음을 전파하고,

하나님나라를 가르치고,

병든 자를 고쳐주는 그 일을 감당하는

주님의 교회 되게 해주시옵소서.

우리의 교회가 거룩하고 순결한 신부로

세상에 빛을 비추게 하시고

우리 주님이 꿈꾸시는

바로 그 교회가 되게 해주시옵소서.

여전히 하나님의 교회를 통해 일하시고

하나님의 교회를 통해 영광 받으실

교회의 주인 되신 예수님의 이름으로 기도드립니다.

아멘.

chapter 22

일터를 위한 기도

일터를 위한 기도

태초에 하나님이 천지를 창조하시니라

창세기 1장 1절

하나님이 지으신 그 모든 것을 보시니 보시기에 심히 좋았더라

창세기 1장 31절

태초부터 일하신 하나님.

그리고 그 일을 기뻐하셨던 하나님을 기억합니다.

하나님,

저도 하나님처럼 집중해서 일하고

일의 기쁨을 누리고 일의 열매를 바라보며

감탄하고 즐거워하며 살아갈 은혜를 내려주시옵소서.

주님,

부족하고 연약한 저를 주님의 파트너로 불러주시고,

세상을 다스리고 돌보는 사명을 주시니 감사합니다.

주님, 제가 하는 일이 세상을 파괴하는 일이 아니라
세상을 아름답게 만드는 일이 되게 해주시옵소서.
저의 일을 통해 이웃을 더 잘 섬기게 하시고,
저의 일을 통해 이 땅 가운데 하나님나라가 임하게 하시고,
저의 일을 통해 하나님께 영광을 돌리게 해주시옵소서.

주님은 순간순간 드리는 저의 작은 기도 하나에도
언제나 귀 기울여 들어주심을 믿습니다.
출근길의 버스 안에서,
컴퓨터의 전원을 켜면서,
회의를 시작하면서,
거래처의 사람을 만나면서,
순간순간 하나님을 생각하며
기도하는 하루가 되게 해주시옵소서.

저보다 저를 더 잘 아시는 주님이
저를 위해 최선의 계획을 가지고
저의 걸음걸음을 인도하고 계심을 믿기에
어떤 상황에서도 주님을 바라보겠습니다.
제가 무엇을 하든 주님이 저를 지켜주시고
주님이 저와 함께하시기에
낙심하지 않겠습니다.

절망하지 않겠습니다.

포기하지 않겠습니다.

저는 끊임없이 실수하고, 넘어지고, 죄의 길에 들어서지만,

주님의 은혜가 언제나 저를 바른길로 인도하심을 믿습니다.

주님, 수많은 결정의 순간에 지혜를 주시고,

실패 앞에서 주눅 들지 않게 하시고,

다시 일어설 용기와 끈기를 주시옵소서.

일터에서는 제가 빛이고 제가 소금입니다.

제가 하나님을 기쁘시게 하는 일꾼으로서

일할 수 있도록 도와주시옵소서.

무슨 일을 하든지

예수님께 하듯 일하게 하시고,

예수님을 위해 하듯 일하게 해주시옵소서.

제가 일하고, 나누고, 이끌고, 따르는 모든 모습을 통해

예수님의 형상이 나타나게 하시고,

예수님의 사랑이 드러나게 해주시옵소서.

완벽할 순 없지만,

예수님을 바라보게 하는 축복의 통로로

쓰임 받게 해주시옵소서.

주님, 제가 하는 이 일이

하나님의 일이라는 믿음과 확신을 품고

정직하고 진실한 모습으로 일하게 하시고,

하나님을 섬기는 마음으로

탁월하게 일하게 하여주시옵소서.

어떤 일이든지 기쁨으로 받아들이게 하시고,

감사하는 마음으로 일하게 하시고,

친절을 베풀면서 일하게 해주시옵소서.

함께 일하는 동료들을 사랑하고

그들의 필요를 돌보게 하시고,

함께 일하는 동료들이 성장할 수 있도록 돕고

그들이 잘되도록 도움을 주는 제가 되게 해주시옵소서.

그리고 이 모든 것을 통해

예수님이 높임을 받으시고,

예수님이 전해지게 해주시옵소서.

주님은 쉼이 필요 없으신 분이심에도 불구하고

일주일에 하루를 쉬셨습니다.

주님, 제가 일을 사랑하되

일이 전부가 되지 않게 해주시옵소서.

일이 우상이 되지 않게 해주시옵소서.

제가 일하는 목적이 바벨탑의 사람들처럼

저의 이름을 세상에 알리는 것이 되지 않게 하시고

하나님의 이름을 높이는 것이

제가 일하는 이유가 되게 해주시옵소서.

주님, 제가 일을 잘하는 것을 넘어

일을 바르게 할 수 있도록 도와주시옵소서.

옆에 있는 사람보다 내가 더 먼저 승진하고,

내가 더 많이 가지고 더 높이 올라가야만

행복해하는 삶이 되지 않게 하시고,

일 자체를 통한 기쁨과 즐거움을 맛보게 해주시옵소서.

정신없이 일만 하는 것이 아니라

일의 기쁨을 맛보며 일할 수 있도록

마음의 여유를 주시옵소서.

일을 소중히 여기되

무엇보다 하나님과의 관계를 소중히 여기고,

가족을 돌보고 나 자신을 돌보는 것 또한

소중하게 여길 수 있는 지혜를 주시옵소서.

특별히 진로를 정해야 하는 우리의 젊은이들이

어떻게 하면 더 많은 돈을 더 빨리 벌 수 있을까

고민하는 것이 아니라,

하나님께서 주신 재능과 기회를 가지고

어떻게 하나님의 뜻을 이루고

사람들의 필요를 채워주면서 다른 사람들을 섬기고,

세상을 아름답게 만들 수 있을까 고민할 수 있는

영성을 허락해 주시옵소서.

하나님, 우리의 일터가 사람을 소중히 여기고

하는 일에 자부심을 느끼며 일하는 곳 되게 하시고,

어떤 사람이든 존중받고 재능을 마음껏 발휘할 수 있는

축복의 통로가 되게 해주시옵소서.

그것을 위해 주님, 저를 사용하여주시옵소서.

하나님, 일터에서 많은 사람이

관계의 어려움을 겪고 있습니다.

어그러진 관계로 일의 열정과 기쁨을 잃어버린

사람들이 있습니다.

하나님, 저들의 마음을 위로하여주시옵소서.

어떠한 상황에서도 선으로 악을 이기는 지혜를 주시옵소서.

주님, 우리의 일터를 축복해주시옵소서.

하는 일마다 풍성한 열매를 맺게 하여주시옵소서.

성읍에서도 복을 받고 들에서도 복을 받을 것이며

네 몸의 자녀와 네 토지의 소산과

네 짐승의 새끼와 소와 양의 새끼가 복을 받을 것이며

네 광주리와 떡 반죽 그릇이 복을 받을 것이며

네가 들어와도 복을 받고 나가도 복을 받을 것이니라

여호와께서 너를 대적하기 위해 일어난 적군들을

네 앞에서 패하게 하시리라

그들이 한 길로 너를 치러 들어왔으나

네 앞에서 일곱 길로 도망하리라

여호와께서 명령하사

네 창고와 네 손으로 하는 모든 일에 복을 내리시고

네 하나님 여호와께서 네게 주시는 땅에서

네게 복을 주실 것이며

신명기 28장 3-8절

예, 주님. 사랑하는 당신의 자녀들에게
풍성한 복을 내려주시옵소서.
나가도 복을 받고 들어와도 복을 받고,
어디에 있든지 무엇을 하든지,
시작하는 일마다
하나님께서 베푸신 놀라운 축복을 내려주시옵소서.

손대는 일마다 형통하게 하시고,

삼십 배 육십 배 백 배의

풍성한 열매를 맺게 하여주시옵소서.

"너의 경영하는 것을 여호와께 맡기라

그리하면 그가 이루리라" 말씀하신 주님.

우리의 모든 일을 하나님의 손에 올려 드립니다.

하나님께서 이루어주시옵소서.

오늘 하루도 저와 동행하시고,

저의 걸음을 인도해 주시옵소서.

저를 하나님나라의 일꾼으로 불러주신

예수님의 이름으로 기도드립니다.

아멘.

chapter 23

나라와 민족을 위한 기도

나라와 민족 기도

크고 놀라우신 하나님,

이 나라와 이 민족을 사랑하셔서

오래 참으시고, 자비를 베풀어 주시고,

긍휼히 여겨주시니 감사합니다.

복음의 불모지였던 이 땅에 선교사들을 보내주시고,

복음을 위해 피 흘렸던 수많은 신앙의 선배들,

교회를 위해 이름 없이 빛도 없이 희생했던

수많은 믿음의 선배들을 통해

전국 방방곡곡에 하나님의 교회를 세워주시니 감사합니다.

피와 땀과 눈물을 쏟아 나라를 지켰던

선조들을 허락해 주셔서 감사합니다.

자유가 없었던 이 민족에게 자유와 평화를 주시고

가난에 허덕이던 이 땅을 경제 대국으로 세워주셔서

감사합니다.

나라가 어려울 때마다 새벽을 깨우며 기도했던
믿음의 선조들을 기억합니다.
저들의 눈물과 부르짖음을 기억하며
이 나라와 민족을 위해 기도하는 하나님의 백성들이
다시 구름떼처럼 일어나게 하시고,
저들을 통해 이 나라 이 민족을 향한 하나님의 꿈이
속히 이뤄지게 해주시옵소서.

교회의 주인은 오직 하나님이십니다.
사람이 교회의 주인이 되지 않게 하시고,
교회가 세상을 위해 기꺼이 희생하며 양보하고
손해 볼 줄 알게 하시고,
교회가 세상의 근심이 아니라
세상의 희망이 되게 해주시옵소서.

그리하여 "나는 예수님을 믿는 사람이야" 이 한마디가
그 어떤 말보다 신뢰의 보증이 되는 시대가
속히 오게 해주시옵소서.

젊은이들이 다시 교회로 돌아오게 하시고
말씀으로 훈련된 청년들을 통하여
세계 선교의 놀라운 역사가 이뤄지게 하여주시옵소서.

특별히 영적인 지도자들에게
성도를 향한 애틋한 마음을 주시고,
하나님의 부르심을 기억하며
거룩하고 순결한 삶을 살아갈 수 있도록
은혜를 베풀어 주시옵소서.

하나님, 이 땅에 가득한 분열의 영을 몰아내 주시옵소서.
가난한 자와 부한 자가 하나 되게 해주시옵소서.
동과 서, 남과 북, 진보와 보수, 노인과 젊은이가
서로를 존중하며
이 나라를 거룩하고 정의로운 나라,
강하면서 자비로운 나라로 세워가는 데
한마음 한뜻이 되게 해주시옵소서.

하나님, 한반도의 정세가 어렵습니다.
이 고난의 시간을 통하여
이 민족이 다시 주님 앞에 서게 하시고,
이 민족이 하나님을 경외하고 하나님을 사랑하며
하나님을 신뢰하는 민족으로 거듭나게 해주시옵소서.
거룩을 회복하고
하나님을 믿는 믿음을 회복하고
하나님께 신뢰받는 민족으로 거듭나게 해주시옵소서.

하나님, 저 북녘땅을 위해 기도합니다.

고통 가운데 신음하는 저들의 눈물을 닦아주시고,

오랜 세월 기도했던 저 북녘땅에

성령의 바람이 불어오게 해주시옵소서.

평화의 바람이 불어오게 해주시옵소서.

자유의 바람이 불어오게 해주시옵소서.

저 땅을 묶고 있는 어둠의 영들이 모두 떠나가게 하시고,

모든 우상이 무너지게 하시고,

오직 예수 그리스도를 구주로 고백하며

갈라선 남과 북이 예수 이름으로 하나 되어

하나님을 예배하는 그 날이 속히 오게 하여주시옵소서.

살아계신 하나님,

이 땅의 대통령과 정치지도자들에게

뱀 같은 지혜와 비둘기 같은 순결한 마음을 주시옵소서.

사업가들에게 세계를 무대로 뛸 수 있는

윤리의식과 지혜와 용기를 주시옵소서.

예술가들에게 거룩의 영과 창조의 영을 부어주시옵소서.

각 분야의 전문가들에게 사람을 존중하는 마음과

깊이 사고할 줄 아는 능력을 주시옵소서.

우리의 다음세대를 키우는 교사들에게
아이들을 사랑하는 마음과
아이들의 재능을 발견할 수 있는 통찰력을 주시옵소서.

가정을 소중히 여기는 마음을 주시고,
가정마다 예수님의 주인 되심을 고백하며
서로 사랑하게 하시고,
교회마다 회개의 불길, 예배의 불길, 섬김의 불길이
다시 힘차게 타오르게 하여주시옵소서.

사회를 파괴하는 모든 종류의 음란과 쾌락과 폭력이
깨끗이 사라지게 해주시옵소서.
그리하여 이 나라 이 민족이 다시 한번
하나님께서 일으키시는 놀라운 부흥을
경험하게 하여주시옵소서.

성령의 기름 부으심을 통하여
자녀들이 예언하며, 청년들은 환상을 보고,
어른들이 꿈을 꾸는 이 민족이 되게 해주시옵소서.

그리하여 우리의 후손들이
이 땅에서 태어난 것을 감사하게 여기며,

대한민국 국민인 것에 자부심을 느끼며 살아가도록
주님, 이 나라 이 민족을 축복해주시옵소서.

우리 민족을 선택하시고 긍휼을 베푸신
예수님의 이름으로 기도드립니다.
아멘.

chapter 24

배우자를 구하는 기도

배우자를 구하는 기도

아담을 지으시고 그를 위해 하와를 지으신 주님,

저를 지으실 때 저에게 가장 잘 맞는 배우자도

함께 지으신 줄 믿습니다.

하나님, 사랑하는 배우자를 만나기 전에

먼저 제가 저 자신이 누구인지 잘 알게 해주시옵소서.

제가 무엇을 좋아하고 무엇을 싫어하는지,

제가 언제 힘이 나고 언제 힘이 빠지는지

제가 언제 스트레스를 받고 어떻게 스트레스를 푸는지

먼저 저 자신을 잘 알게 해주시옵소서.

그래서 배우자를 만났을 때

안정감을 주는 사람이 되게 해주시옵소서.

주님, 사랑하는 배우자를 만나기 전에

먼저 제 안에 있는 내면의 문제들을 해결해 주시옵소서

저의 우울한 마음을 치유해 주시옵소서.

늘 화가 나 있는 제 마음을 고쳐주시옵소서.

중독에 빠져 살아가는 제 삶을 회복시켜 주시옵소서.

열등감에 빠져 살아온 저의 내면을 치료해주시옵소서.

죄책감에 짓눌린 저의 영혼을 자유케 해주시옵소서.

비교하는 마음을 내려놓게 하시고,

완벽해야 한다는 생각을 내려놓게 해주시옵소서.

저의 모습이 어떠하든지

나는 하나님께 사랑받는 자녀라는

복음적 자존감을 가지고

나를 소중히 여기며 살아갈 수 있도록

주님, 은혜를 내려주시옵소서.

하나님, 배우자를 찾을 때

최고의 사람을 만나야 한다는 환상을 버리게 하시고

저에게 알맞은 사람을 찾을 수 있는 안목을 주시옵소서.

생각이 비슷하고, 가치관이 비슷하고,

비전이 비슷한 사람을 만나게 해주시옵소서.

또한 서로의 차이점을 알고 상대방을 존중할 줄 아는

인격적인 사람을 만나는 은혜를 내려주시옵소서.

우리의 만남이 서로에게 시너지(synergy)가 되는
유익한 만남이 되게 하시고
우리의 만남을 통해
하나님과 멀어지는 것이 아니라
하나님과 더 가까워지게 해주시옵소서.
만남 가운데 하나님을 고백하는 것이 자연스럽고,
함께 기도하고 찬양하고 예배하고 섬기는 것이
즐거운 만남이 되게 해주시옵소서.

주님, 제가 배우자를 만나기에
결코 늦지 않았음을 믿습니다.
그러기에 제가 배우자를 만날 때까지
조급해하지 않겠습니다.
성급하게 선택하지 않겠습니다.
하나님께서 저의 배우자를 준비시키고 계심을 믿고
마음의 여유를 가지고 기도하며 기다리겠습니다.

마음에 드는 사람을 만났을 때
이 사람이 하나님께서 보낸 사람이라는 사인을 주시고
그것을 서로 확인할 수 있는 은혜를 주시옵소서.
마음의 확신이 섰을 때는
지혜롭게 고백할 수 있는 용기를 주시옵소서.

주님, 교제 중인 형제자매들이 있습니다.

이들에게 인격적인 만남의 시간을 보낼 수 있는

지혜를 주시옵소서.

서로를 알아가는 축복의 시간이 되게 해주시옵소서.

성적인 유혹을 잘 이겨내게 하시고,

마음을 나누는 소통의 시간을 잘 보낼 수 있도록

지혜를 주시옵소서.

마음속에 있는 이야기를

편안하게 나눌 수 있는 관계가 되게 하시고

서로의 마음을 알아주고 감정을 받아주는

행복한 만남이 되게 해주시옵소서.

주님, 남자와 여자가 어떻게 다른지 공부하겠습니다.

상대방이 어떻게 사랑받는지 공부하겠습니다.

갈등이 있을 때

갈등을 다툼으로 키우는 것이 아니라

갈등을 잘 해결할 방법을 배우겠습니다.

특별히, 관계를 깨뜨리는 말을 하지 않도록

주님이 저희의 입술을 주장하여주시옵소서.

헤어져야 할 관계에 놓인 커플이 있다면

서로 비난하거나 비방하면서 서로를 탓하는 것이 아니라

예의 있게 상대방을 존중하고 축복하면서
그리스도인답게 헤어질 수 있는 지혜를 주시옵소서.

하나님, 결혼을 준비하기 전
먼저 우리가 부모님을 떠나 홀로 설 수 있는
성숙한 사람이 되게 해주시옵소서.
부모님의 도움 없이 자신을 소중히 여기고,
자신을 사랑하고, 자신의 삶을 잘 세워나갈 수 있는
어른이 되게 해주시옵소서.

교제하는 가운데 진실한 마음으로 교제하고
있는 모습 그대로 용납하는 것을 배우게 해주시옵소서.
상대방에게 나를 있는 모습 그대로 보여줄 수 있는
용기를 주시고
서로를 있는 모습 그대로 인정하고 용납할 수 있는
넓은 마음을 주시옵소서.
상대방의 부족함이나 실수를 덮어주고 용서할 수 있는
예수님의 마음을 주시옵소서.

하나님,
사랑하는 형제자매들이 하나님께서 세우시는
거룩하고 아름다운 가정을 꿈꾸게 해주시옵소서.

하나님의 주인 되심을 인정하며

하나님을 경외하는 복된 가정을 사모하게 해주시옵소서.

함께 하나님을 예배하며 하나님을 높여드리는

믿음의 가정을 소원하게 해주시옵소서.

그리고 하나님의 때가 되었을 때

사랑하는 사람들의 축복을 받으며

하나님을 기쁘시게 하는 아름다운 가정을

세워나가는 은혜를 내려주시옵소서.

서로 이해하고 존중하며 희생하고 용서하면서

천국 같은 가정을 세워나가는

은혜를 내려주시옵소서.

준비된 만남을 통해

아름다운 가정을 세워가실 주님을 찬양합니다.

우리의 만남을 계획하신

예수님의 이름으로 기도드립니다.

아멘.

chapter 25

부부를 위한 기도

부부를 위한 기도

이러므로 남자가 부모를 떠나 그의 아내와 합하여

둘이 한 몸을 이룰지로다

창세기 2장 24절

그런즉 이제 둘이 아니요 한 몸이니

그러므로 하나님이 짝지어 주신 것을

사람이 나누지 못할지니라

마태복음 19장 6절

하나님,

저희 부부가 만나기 전부터 저희의 만남을 계획하시고

부부를 한 몸 되게 하신 분이 하나님이심을 고백합니다.

저희 부부가 함께 손잡고

하나님과 많은 사람 앞에 서서

서로를 향해 사랑을 고백했던 그 날을 기억합니다.

결혼식을 하던 그날의 초심으로

이 시간 저희 부부를 위해 기도합니다.

남편들아 아내 사랑하기를
그리스도께서 교회를 사랑하시고
그 교회를 위하여 자신을 주심같이 하라
에베소서 5장 25절

주님, 그리스도께서 교회를 사랑하셔서
자신의 모든 것을 내어 준 것같이
아내를 사랑하라 하신 말씀을 기억합니다.
제가 아내의 마음에 귀 기울이지 못하고
아내의 마음을 괴롭게 했음을 회개합니다.

이제 아내의 이야기에 귀 기울이겠습니다.
판단하는 마음을 내려놓고 듣겠습니다.
시시하다는 생각을 버리고 듣겠습니다.
아내를 이해하려는 마음으로 듣겠습니다.
같은 편이 되어서 듣겠습니다.

주님,
아내에게 사랑한다고 말하지 못한 것을 회개합니다.
다 알겠지 생각하고 말하지 못했습니다.

부끄러워서 말하지 못했습니다.

이제 용기 내어 사랑한다고 자주 말해주겠습니다.

하나님께서 허락하신 소중한 아내를

제가 돌보지 못했음을 회개합니다.

깨지기 쉬운 그릇 같은 아내를

더 귀하게 여기겠습니다.

더 부드럽고 따뜻하게 보살피겠습니다.

더 자주 안아주겠습니다.

주님,

평생 자녀들을 키우고 가정을 돌보느라 수고한 아내에게

수고했다 말 한마디 못 했습니다.

이제부터 고맙다 느낄 때마다 고맙다고 고백하겠습니다.

이제 아내의 생일을 기억하겠습니다.

결혼기념일을 준비하겠습니다.

아내가 더 아름다운 여인으로 살아갈 수 있도록

아내가 저를 만나 행복하다 말할 수 있도록

노력하겠습니다. 최선을 다하겠습니다.

주님, 도와주시옵소서.

아내들이여 자기 남편에게 복종하기를 주께 하듯 하라

이는 남편이 아내의 머리 됨이

그리스도께서 교회의 머리 됨과 같음이니

그가 바로 몸의 구주시니라

그러므로 교회가 그리스도에게 하듯

아내들도 범사에 자기 남편에게 복종할지니라

에베소서 5장 22-24절

주님,

제가 제 남편의 권위를 인정하지 못했음을 회개합니다.

남편의 말을 무시했음을 회개합니다.

주님, 이제 남편에게 잔소리하지 않겠습니다.

자녀들 앞에서 남편을 험담하지 않겠습니다.

남편을 신뢰하겠습니다.

남편을 존경하겠습니다.

남편을 격려하겠습니다.

남편을 칭찬하겠습니다.

남편의 기를 살려주겠습니다.

남편의 지지자가 되겠습니다.

남편을 돕는 배필이 되겠습니다.

주님,

제가 남편과의 성생활을

소중하게 생각하지 못했음을 회개합니다.

하나님께서 주신 소중한 성을 통해

남편과 더 깊은 애정을 나누겠습니다.

남편과 거룩하고 행복한 성생활을 위해 노력하겠습니다.

더욱더 현숙하고 사랑스러운 아내가 되겠습니다.

주님, 도와주시옵소서.

하나님, 저의 주관적인 판단으로

배우자를 바꾸려 했던 것을 회개합니다.

나는 옳고 저 사람은 틀렸다는

잘못된 생각을 내려놓겠습니다.

배우자의 연약함을 지적하지 않겠습니다.

배우자의 허물을 들추어내지 않겠습니다.

부족한 모습을 볼 때마다 제가 더 섬기겠습니다.

제가 더 기도하겠습니다.

하나님, 갈등이 있을 때마다

함부로 말을 쏟았던 죄를 회개합니다.

대화를 회피했던 것을 회개합니다.

과거의 일을 다 끌어들인 것을 회개합니다.

배우자의 인격을 공격하고
배우자의 집안을 건드린 것을 회개합니다.

주님,
저희 부부가 성경적으로 갈등을 해결할 수 있도록
지혜를 내려주시옵소서.
잠자리에 들기 전에 갈등을 해결하겠습니다.
갈등을 해결하기 위해 자존심을 내려놓겠습니다.
감정을 표현하되, 감정적으로 말하지 않겠습니다.
주님 말씀하신 것처럼 모든 겸손과 온유로 하고
오래 참음으로 사랑 가운데서 서로 용납할 수 있도록
주님, 저희에게 은혜를 내려주시옵소서.

하나님,
제가 제 남편을, 제 아내를 잘 모르고 살아왔습니다.
저의 배우자가 어떤 어린 시절을 보냈는지,
어떤 환경에서 자랐는지,
어떤 아픔을 가지고 살았는지 이해하지 않은 채
그저 제 입장에서만 바라보고
제 입장에서 판단하고
배려 없이 말했음을 회개합니다.

제가 제 아내의 어린 시절에,

제 남편이 살아온 삶의 시간에

관심을 가지고 물어보겠습니다.

귀 기울여 듣겠습니다.

제 남편의 아픔이 제게 느껴지게 하시고

제 아내의 슬픔이 제게 느껴지게 해주시옵소서.

하나님, 저의 무분별한 스마트폰 사용과 TV 시청으로

저희 부부 사이의 관계를 단절시켰음을 회개합니다.

이제 절제하겠습니다.

식사 시간에 스마트폰을 하지 않겠습니다.

무의미하게 TV 보는 시간을 줄이겠습니다.

스마트폰을 내려놓고 서로 대화하는 데 힘쓰겠습니다.

주님, 도와주시옵소서.

주님, 저희 부부가 함께 주님 앞에

기도하지 못했음을 회개합니다.

이제 매일 남편과 아내의 손을 잡고 기도하겠습니다.

배우자를 위해 기도하겠습니다.

기도 가운데 하나 됨의 축복을 누리겠습니다.

제가 먼저 가정에서 성경을 읽고, 기도하고,

찬양하는 신앙의 모본이 되겠습니다.

주님, 저희 부부를 축복해주시고,

저희 가정을 축복해주시옵소서.

서로 이해하고 존중하며 희생하고 용서하는

저희 부부의 삶을 보며

사랑하는 자녀들이

"엄마, 아빠. 저도 엄마 아빠처럼 살고 싶어요"

이렇게 말할 수 있도록

주님, 저희 부부를 축복해주시옵소서.

저희 부부를 하나 되게 하시고

부부의 하나 됨을 이루어가시는

예수님의 이름으로 기도드립니다.

아멘.

chapter 26

자녀를 위한 축복기도 1

자녀 축복기도 1

무엇이든지 기도하고 구하는 것은 받은 줄로 믿으라

그리하면 그대로 되리라

마가복음 11장 24절

사랑이 많으신 하나님 아버지!
사랑하는 아들딸들을 위해 기도합니다.
사랑하는 우리 자녀들을 축복해주시옵소서.

일평생 하나님을 뜨겁게 사랑하게 하시고,
하나님께서 기뻐하시는 삶을 살아 하나님께 영광을 돌리는
존귀한 아들딸이 되는 복을 주시옵소서.

하나님은 살아계시며 하나님께서 나를 사랑하신다는
분명한 믿음을 가지고 살게 하시고,
능력의 하나님께서 나를 도우신다는 믿음으로
자신감과 소망을 가지고 살아가게 해주시옵소서.

진정한 도움, 진정한 위로, 진정한 만족은

오직 십자가의 예수님께 있다는 것을 알고

하나님만 의지하며 살아가는 믿음의 복을 주시옵소서.

사랑이 많으신 하나님 아버지!

사랑하는 아들딸이 말씀을 가까이하며 살게 하셔서,

선과 악을 분별하고

아버지의 뜻을 분별하는 지혜를 얻게 하시고,

그 뜻에 순종하며 살아가는 용기를 주시옵소서.

무슨 일을 하든지

겸손한 마음으로 아버지께 기도하며,

하나님 아버지께서 베푸시는 지혜와 능력으로

자신감 있게 감당하게 해주시옵소서.

믿는 자에게는 능치 못할 것이 없다고 하신 주님!

사랑하는 아들딸이

용기와 담대함으로 도전하는 인생이 되게 하시고,

어떤 상황에서도 그 품은 뜻을 포기하지 않는

굳은 의지와 신념을 주시고,

믿음으로 꿈을 이루는 비전의 사람이 되게 해주시옵소서.

사랑이 많으신 하나님 아버지!
사랑하는 아들딸이 다른 사람과 비교하고
자신에게 없는 것을 생각하며
원망하고 불평하는 인생이 되지 않게 하시고,

자신을 향한 하나님 아버지의 사랑과
하나님 아버지의 계획과 인도하심을 믿으며,
아버지께서 베풀어 주신 것에
늘 감사하는 마음으로 살아가게 해주시옵소서.

다른 사람을 쫓아다니는 삼류인생이 아니라
자신의 것으로 승부하는 일류인생이 되게 하시고,
자신을 지으신 하나님께
늘 감사와 찬양을 올려드리는
복된 인생이 되게 해주시옵소서.

또한, 염려하거나 불안해하지 않게 하시고,
세상을 밝고 즐겁게 살아갈 수 있도록
의연한 마음과 여유로운 마음을 주시옵소서.
하나님 아버지께서 주신 평안으로
그 마음을 가득 채워주시옵소서.

지혜의 주님이 지혜를 베풀어 주셔서

날마다 더 명석하고 총명해지게 하시고,

집중력과 실행력과 추진력을 주셔서

그 품은 뜻을 이뤄내는 삶을 살게 해주시옵소서.

사랑이 많으신 하나님 아버지!

사랑하는 자녀가

깊은 기도와 묵상의 기쁨을 알게 하시고

하나님 앞에서 그 마음이 정직하고 삶이 성실하게 하셔서

하나님께 인정받고 사람들에게 존경과 사랑을 받는

복된 삶을 살게 해주시옵소서.

이기적인 욕심 때문에 사람들에게 상처 주지 않고,

욕심을 버리고 하나님 앞에서 깨끗하게 살아가는

거룩한 인생이 되게 해주시옵소서.

하나님 앞에서나 사람 앞에서나

교만하지 않고 겸손하게 하시고,

사람을 소중히 여기며 존중하는 인격을 갖게 하시고,

사람을 만날 때마다 마음에 여유를 가지고

온유하고 너그럽게 대하게 하셔서

사람들에게 위로와 소망을 주는 자녀 되게 해주시옵소서.

사랑이 많으신 하나님 아버지!

사랑하는 아들딸에게 좋은 사람을 만나는 복을 주시옵소서.

믿음 안에서 생명을 아끼지 않고 사랑할 수 있는

좋은 영적 아비와 영적 자녀,

좋은 스승과 선배,

좋은 후배와 제자,

좋은 친구와 동역자를 만나는 복을 주시고,

저 또한 그러한 복된 사람이 되게 해주시옵소서.

믿음 안에서 잘 맞는 배필을 만나는 복을 주셔서

아름답고 행복한 가정을 세우게 하시고,

건강하고 아름다운 믿음의 자녀 또한

복으로 허락해주시옵소서.

사랑이 많으신 하나님 아버지!

사랑하는 아들딸에게 몸과 마음과 영혼이

건강한 복을 주셔서

주님과 가정과 이웃과 자신을 사랑하며

기쁨으로 살아가게 하시고,

그를 통해 가정이 복을 받고, 교회가 복을 받고,

나라와 민족이 복을 받게 해주시옵소서.

저들의 모든 필요를 채워주시고,

한평생 죄에서 멀어지게 하시며,

그 삶의 마지막까지 깨끗하고 아름답게 쓰임 받는

복되고 존귀한 인생이 되게 해주시옵소서.

이 모든 기도를 들으시고 응답하실 것을 믿으며,

우리 자녀의 부모가 되시는

예수님의 이름으로 기도드립니다.

아멘.

chapter 27

자녀를 위한 축복기도 2

자녀 축복기도 2

주님만이 나의 힘이 되십니다.

주님만이 나의 도움이 되십니다.

주님만이 내가 의지할 분이십니다.

주님, 이 시간 이곳에 임재하시고,

마음을 다해 드리는 기도 가운데 역사해 주시옵소서.

사랑하는 주님,

주님이 이 아이들을 위해 오랫동안 고민하시다가

저희 가정을 선택하셔서 보내주신 것을 믿습니다.

저희 가정에 보내주신 보물과도 같은 이 아이들을

하나님께서 맡기신 사명으로 알고

두려운 마음으로 키우겠습니다.

주님, 저의 지혜와 능력이 부족하기에

이 시간 하나님께 사랑스러운 자녀들을 의탁합니다.

주님, 사랑하는 우리 자녀들이

하나님을 아는 자들이 되길 원합니다.

누군가의 하나님이 아니라

내가 만난 하나님, 나의 하나님으로 고백하는

믿음의 자녀들이 되게 해주시옵소서.

하나님을 가장 사랑하고 가장 두려워하며,

하나님께서 지으신 나 자신이 되어

정직하고 진실하게 살아가는 자녀들이 되게 해주시옵소서.

주님, 우리 자녀들이 매일의 경건 시간을 통해

하나님과 동행하는 삶을 살게 하시고,

예배의 성공자가 인생의 성공자임을 믿고

예배에 인생을 거는 지혜로운 자녀들이 되게 해주시옵소서.

어디에 있든지 누구를 만나든지

그리스도의 복음을 전하는

건강한 영성이 있는 자녀들이 되게 해주시옵소서.

주님, 우리 자녀들이 하나님께서 주신 건강을

소중하게 여기고 잘 관리하게 하여주시옵소서.

잘 먹고, 잘 자고, 규칙적으로 운동하는

좋은 습관을 어릴 적부터 익히게 하시고,

바른 자세가 몸에 배게 하시고,

몸을 써야 할 때와 쉬어야 할 때를 분별하게 하시고,
근력과 지구력과 유연성의 튼튼한 체력을 가진
자녀들이 되게 해주시옵소서.

주님, 우리 자녀들에게 마음에서 들려오는 소리를
들을 수 있는 귀를 열어주시옵소서.
자신을 소중히 여길 줄 알게 하시고,
자신을 따뜻하게 대할 줄 아는 마음을 주시옵소서.
하나님께서 자신 안에 넣어주신 가능성과 잠재력을 믿고,
그것을 발견하고 계발해서
풍성한 열매 맺는 삶을 살게 해주시옵소서.

다른 사람들을 있는 모습 그대로 존중하는 마음을 주시고,
다른 사람들의 마음을 이해할 줄 아는 이해심을 주시고,
주변 사람들에게 진지한 관심을 가지고 살게 해주시옵소서.
작은 일에 쉽게 낙심하지 않고
주어진 삶에 게으르지 않게 해주시옵소서.
사람들 앞에서 교만하지 않고,
사람들을 부정적으로 비판하지 않게 해주시옵소서.

한 번 한 약속은 끝까지 지키고,
말과 행동이 일치하는 삶을 살게 해주시옵소서.

자신의 감정을 건강하게 표현할 줄 알고

자기 생각을 분명하고도 따뜻하게 말할 수 있는

지혜와 용기를 주시옵소서.

자신의 잘못을 알았을 때는

진정으로 사과할 줄 알게 하시고,

함께 기뻐하고 더불어 감사할 줄 아는

따뜻한 마음을 가진 자녀가 되게 해주시옵소서.

사랑한다는 말을 자연스럽게 할 수 있게 해주시옵소서.

잘 웃고, 잘 놀 줄 알고, 스트레스를 잘 관리하는

여유로운 자녀들이 되게 해주시옵소서.

주님, 우리 자녀들이 책을 가까이하는

깊은 지성의 사람이 되게 해주시옵소서.

누구를 만나도 배울 줄 아는 겸손한 마음을 주시고,

끊임없이 배우고 훈련받는 것을 통해

성장하는 기쁨을 아는 자녀들 되게 해주시옵소서.

주님, 우리 자녀들이 어디서나

적극적이고 주도적으로 행동하게 하시고,

무엇을 하든 분명한 목표를 가지고 행동하는

집중력을 주시옵소서.

꿈을 크게 꾸는 자들이 되게 하시고,
무엇이 중요한지 아는 분별력과
소중한 것을 먼저 하는 실행력을 주시옵소서.

사랑하는 주님,
우리 자녀들이 사람을 의지하는 것이 아니라,
하나님 앞에서 홀로서되
사람들과 더불어 살아갈 줄 아는
사람 냄새나는 자들이 되게 해주시옵소서.

자신의 이익만을 생각하지 않고,
서로에게 유익한 것이 무엇인지
고민할 줄 아는 자들이 되게 해주시옵소서.
자기주장만 앞세우는 것이 아니라
사람들의 말을 경청할 수 있는 여유를 주시고,
자기 생각을 사람들에게 잘 이해시킬 수 있는
설득력 있는 사람이 되게 해주시옵소서.

자신과 다른 사람을 만났을 때
판단하고 정죄하고 비난하는 것이 아니라
그들의 장점을 잘 살려줄 줄 아는
넉넉한 사람이 되게 해주시옵소서.

어떤 사람과도 마음의 대화를 나눌 수 있는

여유로운 사람이 되게 하시고.

끊임없이 자신의 실력과 역량을 키워가는

성실한 자들이 되게 해주시옵소서.

탓하고 불평하고 변명하기보다 언제나 맡은 역할에

최선을 다하는 자녀들이 되게 해주시옵소서.

주님, 우리 자녀들이 건강한 가정을 이루게 해주시옵소서.

가정을 소중히 여기고,

서로 존중하고 칭찬하고 격려하면서

서로를 세워주는 지혜로운 자녀들이 되게 해주시옵소서.

책임감 있게 말하고 행동하며,

가정을 위해 희생할 줄 아는 아들딸들 되게 해주시옵소서.

우리 자녀들이 좋은 부모로 성장할 수 있도록

은혜를 베풀어 주시옵소서.

주님, 우리 자녀들이 어디에 있든지

신뢰받는 리더가 되게 해주시옵소서.

말로만 지시하는 것이 아니라 본을 보임으로

감동을 주는 리더가 되게 해주시옵소서.

사람들과 말이 통하는 리더,

함께 방향을 정할 줄 아는 리더가 되게 해주시옵소서.

조직력을 가지고 효과적으로 일하는 법을 배우게 하시고
동역자들을 격려하는 리더가 되게 해주시옵소서.
함께하는 이들의 잠재력을 발견하는 안목을 주시고,
그들의 재능을 마음껏 발휘할 수 있도록 돕는
그릇이 큰 리더가 되게 해주시옵소서.
자신보다 더 뛰어난 역량을 가진 사람들과
함께 일할 수 있는 것을 자랑스럽게 여기는
마음 넓은 리더가 되게 해주시옵소서.

날마다 하나님께서 주신 거룩한 꿈을 꾸게 하시고,
하나님의 꿈을 전염시키는
영향력 있는 자녀들이 되게 해주시옵소서.

말과 행동하기 전에 기도하는 자 되고,
말씀과 기도보다 앞서지 않게 해주시옵소서.
무엇을 하든 하나님께 영광을 돌리는
믿음의 자녀들이 되게 해주시옵소서.

우리 자녀들의 부모가 되시는
예수님의 이름으로 기도드립니다.
아멘.

수험생을 위한 기도

아름답고 놀라우신 주님,

하나님의 위엄은 측량할 수 없으며,

한이 없으신 하나님의 지혜와 사랑은

누구도 그 끝을 알 수 없습니다.

하나님, 이 시간 수험생들을 위해 기도합니다.

하나님, 시험을 준비하는 시간이 참 고되고 외롭습니다.

누구도 대신해 줄 수 없기에 더욱더 힘이 듭니다.

포기하고 싶은 순간도 있지만,

그때마다 주님이 저들의 마음을 새롭게 하여주시옵소서.

잘해야 한다는 압박감을 내려놓게 하시고,

사람들을 의식하는 마음도 내려놓게 하시고,

비교하는 마음도 내려놓게 해주시옵소서.

질투하는 마음, 혼란스러운 마음,

집중을 가로막는 모든 마음을 내려놓게 해주시옵소서.

느긋한 마음을 주시옵소서.

가벼운 마음을 주시옵소서.

의연한 마음을 주시옵소서.

대범한 마음을 주시옵소서.

잘할 수 있을까, 안되면 어떻게 하지, 실수하면 어쩌나…

끊임없이 반복되는 부정적인 생각들을 끊어주시고,

나와 함께하시는 하나님,

나를 도우시는 하나님,

내게 은혜를 베푸시고 능력을 주시는

신실하신 하나님을 바라보게 하여주시옵소서.

사단이 좋아할 말과 생각을 멈추고

하나님께서 기뻐하시는 말과 생각으로

입술과 마음과 생각을 가득 채우게 하여주시옵소서.

나는 혼자가 아니라 하나님께서 나와 함께하신다는

사실이 믿어지게 하시고,

든든한 마음으로 공부할 수 있도록 주님, 도와주시옵소서.

하나님, 정말 열심히 최선을 다해 지금까지 왔습니다.

포기하고 싶은 순간도 많았지만,

참고 인내하며 여기까지 왔습니다.

얼마나 밤잠을 줄여가며 애쓰고 노력했는지
주님이 다 아십니다.
주님, 은혜를 내려주시옵소서.
주님, 비록 앞이 보이지 않지만,
하나님께서 제 삶을 향한 완벽한 계획을 가지고
인도해 가심을 믿습니다.

왜 공부를 해야 하는지
왜 시험을 치러야 하는지
분명한 이유를 알게 하시고,
누군가의 동기 부여가 아니라 내면에서부터
공부에 대한 열정이 솟아나게 해주시옵소서.
하나님은 뿌린 대로 거두게 하는 분이십니다.
하나님은 백 배의 열매를 맺게 하는 분이십니다.
오늘도 하나님을 의지하며 공부하겠습니다.
좋은 컨디션을 허락해주시고
이번 시험에서 좋은 결과를 얻게 하여주시옵소서.

시험을 앞두고 마음을 힘들게 하는
분주한 상황들이 있지만,
그것에 연연하지 않게 도와주시옵소서.
상황에 마음이 흔들리지 않게 하시고,

공부에 집중할 수 있도록 도와주시옵소서.
공부할 때 머리가 맑아지게 하시고,
머리가 잘 돌아가게 하시고,
공부하는 것들이 다 이해되게 하시고,
시간 가는 줄 모르고 공부할 수 있는 즐거움을 주시옵소서.

시험 당일, 건강한 가운데 최상의 컨디션을 허락하시고,
평안한 마음을 주시옵소서.
모든 긴장이 사라지게 하시고,
편안하고 느긋한 가운데
완전히 몰입된 상태로 시험을 치를 수 있도록
주님, 도와주시옵소서.

문제를 읽을 때 질문을 제대로 이해하게 하시고,
출제 의도를 제대로 파악하게 하시고,
공부했던 것들이 기억나게 하시고,
공부했던 모든 지식이 서로 연결되게 해주시옵소서.
정답을 선택할 때 분별력과 판단력을 주시옵소서.
어떤 상황에도 당황하거나 실수하지 않게 하시고
침착하고 차분한 마음을 주시옵소서.
답안지에 정확하게 기입하도록 도와주시옵소서.
주어진 시간을 효과적으로 사용할 수 있게 도와주시옵소서.

끝까지 집중력을 주시고, 맑은 정신을 주시옵소서.

> 너희 중에 누구든지 지혜가 부족하거든
> 모든 사람에게 후히 주시고 꾸짖지 아니하시는
> 하나님께 구하라 그리하면 주시리라
>
> 야고보서 1장 5절

예, 주님.
이 시간 지혜의 하나님께 하늘의 지혜를 구합니다.
넘치도록 부어주시는 하나님의 지혜로
저를 가득 채워주시옵소서.
이 시간 하나님의 지혜가 하늘로부터 임하는 줄 믿습니다.

> 아무것도 염려하지 말고 다만 모든 일에 기도와 간구로,
> 너희 구할 것을 감사함으로 하나님께 아뢰라
> 그리하면 모든 지각에 뛰어난 하나님의 평강이
> 그리스도 예수 안에서 너희 마음과 생각을 지키시리라
>
> 빌립보서 4장 6,7절

예, 주님. 저의 모든 염려를 기도로 바꿉니다.
불안하고 초조하고 두려운 마음을
하나님의 평강으로 가득 채워주시옵소서.

"할 수 있거든이 무슨 말이냐

믿는 자에게는 능치 못할 일이 없느니라"

말씀하신 주님,

이 시간 연약한 저의 힘을 의지하는 것이 아니라

전능하신 하나님을 의지합니다.

능치 못할 일이 없다 하신 주님의 말씀을 붙잡습니다.

저는 할 수 없지만, 하나님은 하실 수 있습니다.

저는 능력이 없지만, 하나님은 능력의 하나님이십니다.

능력의 주님이 제 안에 계시고,

제게 능력 부어주심을 믿습니다.

할 수 있다는 담대한 마음이

마음 깊은 곳에서부터 솟아나게 하여주시옵소서.

모든 것이 합력하여 선을 이루게 하시는

하나님을 신뢰합니다.

시험을 통해 하나님을 향한 믿음이 자라나게 하시고,

하나님께서 얼마나 신실하신 분이신지

날마다 경험하는 하루하루가 되게 해주시옵소서.

하나님,

혹 기대했던 결과가 아닐지라도

낙심하지 않게 하시고,

우리를 향한 하나님의 놀라운 계획은

시험 결과와 상관없이 완벽하게 이루어질 것을 믿는

믿음을 주시옵소서.

하나님은 언제나 우리의 삶을

가장 좋은 길로 인도하는 분이심을 고백합니다.

우리의 수고가 헛되지 않게 하여주시옵소서.

백 배의 열매를 맺는 은혜를 내려주시옵소서.

그러나 시험이 우상이 되지 않게 하시고,

더욱더 하나님을 경외하는 믿음의 사람이 되게 해주옵소서.

참된 지혜가 되시는

예수님의 이름으로 기도드립니다.

아멘.

chapter 29

인생이 바뀌는 일곱 가지 기도

인생이 바뀌는 기도

창조주 하나님,

하나님의 최고의 걸작품이 바로 저임을 믿습니다.

제 모습이 어떠하든 저의 가치는 결코 변하지 않기에

무엇을 하든 당당하게 살아가겠습니다.

좋으신 하나님,

하나님께서 저를 아무런 조건 없이 사랑하심을 믿습니다.

저도 저를 아무런 조건 없이 사랑하며 살아가겠습니다.

예수님,

예수님이 저의 모든 죄를 용서하셨기에

저의 모든 과거가 깨끗하게 지워졌음을 믿습니다.

이제 새로운 마음으로 다시 시작하겠습니다.

아버지 하나님,

저는 하나님의 사랑 받는 자녀임을 믿습니다.

저에게 자녀의 권세를 주셔서 감사합니다.

이제 매일매일 좋은 일이 가득 할 것을 믿습니다.

사랑하는 주님,

저는 혼자가 아닙니다.

예수님이 제 안에 계시기 때문입니다.

제안에 계신 주님은 저를 좋게 하시는 분이심을 믿습니다.

하나님,

하나님은 나의 왕, 나의 주인이십니다.

이제 저의 삶은 하나님께서 책임져 주시기에

무엇을 하든 잘되게 하실 것을 믿습니다.

하나님,

제게 특별한 은혜를 베풀어 주셔서 감사합니다.

언제나 하나님의 은혜가 제 삶에 가득합니다.

저를 축복의 통로로 사용해주셔서 감사합니다.

우리의 삶을 바꿔가시는

예수님의 이름으로 기도드립니다.

아멘.

chapter 30

은혜를 구하는 기도

은혜를 구하는 기도

아버지, 제게 아버지의 은혜가 필요합니다.

다른 어떤 것을 구하지 않습니다.

오직 한 가지 하나님의 은혜를 구합니다.

오늘이 하나님의 은혜가 임하는 날인 줄 믿습니다.

아버지, 은혜를 내려주옵소서.

아버지, 제게 은혜를 베풀어 주옵소서.

우리의 가정에 은혜를 부어주옵소서.

사랑하는 아내, 사랑하는 남편에게 은혜를 주옵소서.

사랑하는 부모님에게 은혜가 충만하게 해주옵소서.

사랑하는 자녀들에게 크신 은혜로 함께해주옵소서.

사랑하는 형제자매들에게 은혜가 넘치게 해주옵소서.

하나님, 제가 하는 일마다 하나님의 은혜를 주옵소서.

제가 가는 곳마다 하나님의 은혜가 있게 하옵소서.

제가 만나는 사람들마다 하나님의 은혜로 다스려주옵소서.

하나님, 이 땅을 하나님의 은혜로 감싸주옵소서.

이 나라에 하나님의 은혜가 흘러넘치게 하옵소서.

가난한 자 억울한 자 소외된 자들에게

은혜를 베풀어 주시옵소서.

이 땅의 지도자들에게 하나님의 은혜를 부어주옵소서

하나님의 크신 은혜를 날마다 더해주시옵소서.

날마다 새로운 은혜를 주옵소서.

하나님, 하나님의 은혜가 제게 가득합니다.

오늘도 하나님의 은혜가 제게서 흘러넘칩니다.

지금 하나님의 은혜로 제가 충만하게 되었습니다.

크신 은혜를 베푸신 하나님 감사합니다.

은혜로 넘쳐나게 하신 하나님 고맙습니다.

은혜를 부어주신 하나님을 찬양합니다.

은혜로 함께하신 하나님 사랑합니다.

은혜로우신 이름,

예수님의 이름으로 기도드립니다.

아멘.

chapter 31

예수 기도

예수 기도

하나님의 아들 주 예수여,
죄인 된 저를 불쌍히 여기소서.

하나님의 아들 주 예수여,
죄인 된 저를 불쌍히 여기소서.

하나님의 아들 주 예수여,
제게 은혜를 베푸소서.

하나님의 아들 주 예수여,
제게 은혜를 베푸소서.

하나님의 아들 주 예수여,
저와 동행하소서.

하나님의 아들 주 예수여,
저와 동행하소서.

하나님의 아들 주 예수여,
저를 인도하소서.

하나님의 아들 주 예수여,
저를 인도하소서.

하나님의 아들 주 예수여,
저를 만지소서.

하나님의 아들 주 예수여,
저를 만지소서.

하나님의 아들
주 예수 그리스도의 이름으로 기도드립니다.
아멘.

따라 하는 기도 1

초판 1쇄 발행	2021년 3월 22일
초판 31쇄 발행	2025년 3월 13일

지은이 　　　장재기

펴낸이　　　여진구
책임편집　　최현수
편집　　　　이영주 박소영 구주은 안수경 김도연 김아진 정아혜
책임디자인　조은혜 | 마영애 노지현 정은혜
홍보·외서　 진효지
마케팅　　　김상순 강성민　　　　　　　마케팅지원　최영배 정나영
제작　　　　조성석 허병용　　　　　　　경영지원　　김혜경 김경희

303비전성경암송학교 유니게 과정
이슬비전도학교 / 303비전성경암송학교 / 303비전꿈나무장학회

펴낸곳　　　규장

주소　06770 서울시 서초구 매헌로 16길 20(양재2동) 규장선교센터
전화　02)578-0003　　팩스 02)578-7332
이메일　kyujang0691@gmail.com　　　홈페이지 www.kyujang.com
페이스북 facebook.com/kyujangbook　　인스타그램 instagram.com/kyujang_com
카카오스토리 story.kakao.com/kyujangbook
등록일 1978.8.14. 제1-22

ⓒ 저자와의 협약 아래 인지는 생략되었습니다.
이 출판물은 저작권법에 의해 보호를 받는 저작물이므로 무단 전재와 무단 복제를 할 수 없습니다.

책값　뒤표지에 있습니다.
ISBN 979-11-6504-191-5　03230

규 | 장 | 수 | 칙

1. 기도로 기획하고 기도로 제작한다.
2. 오직 그리스도의 성품을 사모하는 독자가 원하고 필요로 하는 책만을 출판한다.
3. 한 활자 한 문장에 온 정성을 쏟는다.
4. 성실과 정확을 생명으로 삼고 일한다.
5. 긍정적이며 적극적인 신앙과 신행일치에의 안내자의 사명을 다한다.
6. 충고와 조언을 항상 감사로 경청한다.
7. 지상목표는 문서선교에 있다.

하나님을 사랑하는 자 곧 그의 뜻대로 부르심을 입은 자들에게는 모든 것이 合力하여 善을 이루느니라(롬 8:28)

규장은 문서를 통해 복음전파와 신앙교육에 주력하는 국제적 출판사들의
협의체인 복음주의출판협회(E.C.P.A:Evangelical Christian Publishers
Association)의 출판정신에 동참하는 회원(Associate Member)입니다.